_______________________________ 님께

_______________________________ 드림

성서 영어 필사

※ 필사로 옮길 때 연필을 사용하시면 손끝의 느낌이 새롭고 좋습니다.

성서영어 필사

지은이
최 영

머리말

오늘날 유대인들은 각 분야에서 두각을 나타내는 삶을 살고 있다. 세계의 부와 경제를 유대인이 좌우한다. 이들이 이런 힘을 가질 수 있는 데는 조상들의 지혜와 전통을 전수해 주는 탈무드라는 책이 있기 때문이다.

유대인들은 나라를 잃고 2,500년 동안 세계 각처에 살면서 터득한 지혜를 녹여 탈무드에 담았다. 여기에는 삶의 깊은 지혜가 담겨 있다. 이러한 고전 문헌을 통해 지혜를 전수받으며 유대인들은 오늘날 세상을 다르게 살고 있는 것이다.

원래 탈무드는 성서를 이해하고 그것을 실생활에 적용하기 위한 실천서였다. 각자 다른 나라에 흩어진 디아스포라 유대인들은 낯선 상황에서 신의 말씀인 성서를 어떻게 적용해야 할지 몰라 당황한다. 그럴 때마다 랍비나 현자들이 자신의 경험과 지혜를 담아 성서를 실천할 수 있는 책을 만들었고, 이 책이 바로 탈무드다. 말하자면 탈무드는 성서에서 나온 것이다.

그렇다면 우리가 이런 성서를 직접 읽고 삶에 적용할 수 있다면 어떻게 될까? 우리에게도 놀라운 역사가 일어날 것이다.

우리 삶이 달라질 것이다.

안타깝게도 유대인들은 구약성서만 가지고 있다. 신약성서는 인정하지 않는다. 보약을 반만 먹은 셈이다. 보물의 반쪽만 가지고 있는 것이다. 그런데도 세상에 두각을 나타내는 삶을 산다. 우리가 성서를 직접 읽고 그 말씀을 삶에 적용한다면 더욱 놀라운 역사가 일어날 것이다.

그래서 성서에서 중요 부분을 뽑아 이 책을 쓰게 되었다. 구약과 신약 각각의 시대를 열 개의 장으로 구분해 설명하고, 핵심 부분은 영어로 필사할 수 있도록 했다.

성서 구절은 가능한 한 성서의 순서대로 배열했다. 사용된 성서는 대한성서공회에서 출판된 개역개정판, 표준새번역판 새 한글을 사용했으며, 난해한 부분은 원어에서 직접 번역하였다. 영어 본문은 NIV(New International Version)를 주로 사용하였고, KJV(King James Version)와 NLT(New Living Translation)를 부분적으로 참조하였다.

성서를 읽고 써봄으로써 새로운 차원의 삶으로 나가는 여러분들이 되기를 기원한다.

구 약 성 서

Old Testament

시편Psalm 119편 105절

주님의 말씀은 내 발에 등불이요,

내 길에 빛입니다.

Your word is a lamp for my feet,

a light on my path.

※ 시편119편은 176절까지 있다. 시편에서 가장 길다. 각 절이 히브리 알파벳 순서대로 배열되어 있다.

1. 성서란 무엇인가?

성서는 위대한 책이다.

세상에서 가장 오래되고 가장 많은 사람들이 읽은 책이니, 인류사에 큰 영향을 끼친 책이라고 할 수 있다.

그럼에도 불구하고 일반적으로는 성서를 어렵고 쉽게 읽을 수 없는 책으로 여긴다. 종교인이나 신학자들만이 읽고 이해할 수 있는 책이라고 생각한다.

그도 그럴 것이 성서는 1천 년이 넘는 시간 동안 많은 사람들에 의해 기록되어 왔고, 인류의 시작부터 멸망까지 방대한 시간을 배경으로 하고 있기 때문이다. 기독교, 가톨릭, 유대교가 성서를 경전으로 삼고 있어서 성서를 '성경(거룩한 경전)'이라고도 한다.

그렇다면 성서는 특별한 사람만 이해할 수 있는 어려운 책일까? 그렇지 않다. 성서가 어떻게 기록 되어 왔고, 무엇을 위해 기록되었는가를 알면 이해하기 어렵지 않다.

창세기Genesis 1장 1절

처음에

하나님이 하늘과 땅을 창조하셨다.

In the beginning

God created the heavens and the earth.

※ 성서는 창세기創世記로 시작한다. '처음 세상의 창을 열다'는 뜻이다.
영어로 'Genesis'인데, '처음, 시작, 기원'이라는 뜻이다.

성서에는 신화, 전설, 역사, 전기, 운문, 산문, 민담, 속담 등 많은 부분이 들어 있다. 다양한 사람이 나오며, 많은 나라와 민족이 나오고, 시대와 문화도 다양하다. 많은 법전들도 들어 있다. 사용된 언어도 구약성서는 이스라엘어인 히브리어로 쓰여 있고, 신약성서는 그리스어인 헬라어로 쓰여 있다. 이외에도 아람어나 라틴어도 사용되었다.

성서는 한 권으로 되어 있지만, 여러 책들을 엮은 것이다. 먼저 구약성서와 신약성서로 나뉜다. 구약舊約이란 '옛 구舊' 자에 '언약 약約' 자이다. 옛 언약이라는 뜻이다. 옛날 신이 인간과 맺은 계약으로 영어로는 'Old Testament'이다. 신약新約이란 '새로울 신新' 자에 '언약 약約' 자로, 신이 인간과 새롭게 맺은 계약이라는 뜻이다. 영어로 'New Testament'이다.

구약성서는 모세5경, 성문서, 역사서, 예언서로 구분된다. 신약성서는 복음서, 사도행전, 서신서, 요한계시록으로 되어 있다. 이것을 묶어서 성서라고 한다. 성서는 찾아보기 쉽도록 모든 부분이 장Chapter과 절Verse로 구분되어 있다.

창세기Genesis 1장 3~5절

하나님이 "빛이 있으라." 말씀하시니 빛이 있었다.

하나님이 빛을 '낮'이라 부르시고

어둠을 '밤'이라 부르셨다.

God called the light 'day', and

the darkness he called 'night.'

저녁이 되고 아침이 되니, 이것이 첫째 날이다.

※ 창세기1장에 천지창조가 나온다. 첫쨋날에 빛과 어둠을 창조함으로
시간이 생겨난다. 하루는 24시간이 아니라 오랜 시간을 말한다.

우리는 절대자를 '신' 또는 '조물주'라고 한다. 성서에서 신을 호칭하는 여러 표현이 있다. 그러나 가장 대표적인 것이 '하나님God'이다. 세상을 창조하고 주관하는 절대적인 존재라는 뜻이다. 신약성서에서는 세상의 주인이라는 의미로 '주님Lord'이라는 표현이 사용되기도 한다.

성서는 신이 인간과 맺은 옛 계약과 새 계약을 중심으로 한다. 이 계약이 무엇인지, 이 약속이 어떻게 이루어져 가는지를 보여 주는 것이 성서다.

그렇다면 이 계약이란 무엇인가?

신이 인간과 약속한 것이 도대체 무엇인가?

이것을 이해하기 위해서는 이스라엘 민족의 역사와 세계 역사를 알아야 한다. 성서는 역사를 배경으로 하고 있기 때문이다. 이제 역사 속으로 한번 들어가 보자.

창세기Genesis 1장 26~27절

하나님이 말씀하셨다.

"우리와 닮은 모양으로 사람을 만들자. 그래서 그들이 바다의 물고기와 하늘의 새와 집짐승과 온 땅과 땅 위에 기어다니는 온갖 짐승을 다스리게 하자."

그래서 하나님이 자신의 형상을 따라

남자와 여자로 인간을 창조하셨다.

So God created mankind in his own image;

male and female he created them.

※ 성서에 보면, 사람은 신의 형상을 따라 만들어진다. 이것을 '하나님의 형상Imago Dei'이라고 한다. 그러므로 모든 사람은 소중하다. 또한 사람이 만물의 영장이 되는 이유가 여기에 있다.

2. 문명의 기원

숲속의 길은 많은 사람들이 걸어간 흔적이다.

사람이 모이면 마을이 되고, 마을이 커지면 도시가 되고, 도시가 커지면 나라가 된다. 사람이 모여 살면서 만들어낸 흔적들이 바로 문명이다.

황하 문명, 인더스 문명, 이집트 문명, 메소포타미아 문명을 세계 4대 문명이라고 한다. 고대에 문명이 발생한 지역을 보면 대부분 동양으로, 동양을 오리엔트Orient라고 한다. 옛날에는 동양이 서양보다 훨씬 발전했다.

사람들이 살기 시작하면서 문명이 만들어졌고, 대부분 강을 중심으로 하고 있다. 물이 있어야 사람이 살 수 있기 때문이다. 조선의 수도를 정할 때 한강이 중요한 역할을 했다. 중국은 황하강을 중심으로 문명이 생겨난다. 인더스강을 중심으로 인도 문명이 생겨나고, 나일강을 중심으로 이집트 문명이 생겨난다.

이중 가장 오래된 문명이 메소포타미아 문명으로, B.C. 6천 년경까지 거슬러 올라간다. 헬라어로 메소는 '가운데'라는 뜻이고, 포타모스는 '강'이라는 뜻이다. 메소포타미아 문명은 유프라테스강과 티그리스강 사이에서 생겨났다. 세계사에 '비옥한 초승달 지역Fertile Crescent'으로 알려진 곳이다. 이곳이 인류 역사상 사람들이 가장 먼저 모여 살았던 지역이다.

우리 조상을 거슬러 올라가면 단군이 나온다. 그렇다면 단군이 최초의 사람일까? 그 전에는 사람이 없었을까? 단군신화에 보면 호랑이와 곰이 100일 동안 마늘과 쑥을 먹고 사람으로 변한다. 그의 후손 단군 왕검이 고조선을 건국한 시기가 B.C. 2333년이다. 우리나라 역사의 시작이다. 그때부터 오늘날 시간을 계산하면 우리나라 역사가 나온다. 그래서 대략 5천 년 역사라고 한다.

그러나 역사학자들의 공통된 의견은 이들이 동물이 아니라 부족이라고 한다. 호랑이를 섬기던 부족과 곰을 섬기던 부족이 겨루다가 곰을 섬기는 부족이 우리의 조상이 되었다는 것이다. 그렇다면 이 부족은 어디서 왔을까?

단군신화 이전의 기록을 보면, 한반도에 정착한 사람들은 문명을 먼저 이루고 있던 중국 쪽에서 이동해 왔다.

우리나라의 언어를 학명으로 우랄 알타이어계에 속한다고
한다. 무슨 뜻인가? 우랄산맥을 넘어 알타이 산맥으로 옮겨가
며 변화된 언어라는 뜻이다. 그렇다면 민족이 이러한 경로로
이동해 왔다는 것을 알 수 있다.

알타이 산맥을 넘어 우랄 산맥을 거슬러 올라가면 어디가 나
올까? 인류를 거슬러 올라가면 누가 나올까? 바로 에덴동산이
나온다.

하나님이 동방의 에덴에 동산을 창설하시고

그 지으신 사람을 거기 두셨다.

Now the God had planted a garden

in the east, in Eden;

and there he put the man he had formed.

3. 태고 시대

창세기 2장에 보면, 신이 에덴동산을 만들고 처음 인간인 아담과 이브를 창조해 그곳에 살게 했다. 이들이 태초 인류의 시작이다. 그렇다면 에덴동산이 정말 있었을까? 단지 신화나 전설 속의 이야기 아닌가?

놀라운 것은, 성서에 에덴동산의 위치가 나온다는 사실이다. 에덴동산의 위치는 네 개의 강이 발원하는 곳이라고 하였다. 네 개의 강은 금이 많이 나는 비손강과 구스 땅을 흐르는 기혼강, 앗수르 동쪽을 흐르는 힛데겔강, 그리고 유브라테스강이다. 힛데겔강은 티그리스와 같은 이름이다. 이중 비손강과 기혼강은 사라졌다.

그러나 유프라테스강과 티그리스강은 명확하게 알 수 있다. 두 강은 오늘날까지 튀르키예와 이라크 지역에 남아 있다. 그렇다면 에덴의 대략적인 위치가 이곳이었다는 의미다. 바로 인류 문명이 제일 먼저 시작된 메소포타미아 지역이다.

성서가 세계사와 일치한다. 그러므로 성서를 단지 과거의 신화나 전설로 치부해서는 안 된다. 성서는 인류의 뿌리를 알 수 있는 유일한 책이다.

성서는 한 권의 책으로 되어 있지만, 그 속으로 들어가면 66권이 꾸러미로 묶여 있다. 배경도 다양하고 기록자도 여러 명이다. 1,500년 동안 100명에 가까운 사람들에 의해 기록되었다. 1천 700페이지가 넘는다. 다양한 사람과 역사와 문화를 다루고 있다.

그러나 성서가 인류 전체를 다루지는 않는다. 성서를 보면, 신이 하나의 민족을 통해 어떻게 역사해 가는지를 보여 준다. 이 많은 페이지 중에 인류 역사 전체를 다루는 부분은 앞의 창세기 부분 10장도 채 되지 않는다.

창세기 1장부터 11장을 '원역사Primeval History'라고 한다. 역사 이전의 시대라는 뜻이다. 이 짧은 부분에 에덴동산 이야기도 있고, 카인과 아벨 이야기, 노아의 홍수 이야기, 가장 오래 산 무드셀라 이야기도 있다.

하나님께서 사람의 죄악이 세상에 가득함과 그의 마음으로
생각하는 모든 계획이 항상 악할 뿐임을 보셨다.

땅 위에 사람 지으심을 한탄하시고

마음에 근심하시며 말씀하셨다.

The Lord regretted that he had made human
beings on the earth,

and his heart was deeply troubled.

"내가 창조한 사람을 내가 지면에서 쓸어버리되 사람으로부
터 가축과 기는 것과 공중의 새까지 그리하리라."

창세기Genesis 6장 9절

그러나 노아는 하나님께 은혜를 입었다.

But Noah found favor in the eyes of the Lord.

하나님이 노아에게 방주를 만들게 하셨다.

그래서 홍수에서 그의 가족들이 살아남게 하셨다.

※ 노아는 대홍수 속에서도 하나님의 지시대로 큰 배를 만들어 살아남는
다. 여기에 노아 부부, 세 아들과 며느리 이렇게 여덟 사람이 탄다. 한자
로 큰 배라는 선船 자를 보면 '여덟 명이 타고 있는 배'라는 뜻이다.

내가 너희와 언약을 세우리니

다시는 땅을 홍수로 멸망시키지 않을 것이다.

구름 속에 내 무지개를 둘 것이니

그것이 내가 이 세상 사이에 맺은 언약의 증표가 될 것이다.

I have set my rainbow in the clouds,

and it will be the sign of the covenant between

me and the earth.

원역사의 마지막 11장에 바벨탑 사건이 나온다.

대홍수 이후 사람들이 시날 평지에 모여 살았다. 이곳은 오늘날 이라크 지역인데, 이라크는 고대의 바벨론 제국이었다. 거기서 사람들이 하늘까지 탑을 쌓으며 신에게 도전한다. 인간이 신이 되고 싶어 하는 욕망을 드러낸다. 이것이 원죄인데, 인간에게 이러한 원죄가 이어지는 것을 볼 수 있다.

그러자 신이 인간의 언어를 다르게 함으로써 더 이상 탑을 쌓지 못하고 각처로 흩어지게 된다. 바벨이란 '혼잡하게 하다'라는 의미이다.

이라크에는 바벨탑으로 추정되는 고대 건축물들이 남아 있다. 이것을 '지구라트'라고 한다. 이렇게 흩어진 사람들이 무리를 이루며 세계 각처에 다양한 문명을 이루게 된다.

창세기Genesis 11장 1~2절

사람들이 동쪽으로 옮겨 올 때에 일어난 일이다. 그들은 시날 땅에서 평지를 찾아 도시를 세우고 하늘까지 닿을 거대한 탑을 쌓았다.

그러자 하나님이 그들의 말을 뒤엉키게 하여 서로 알아듣지 못하게 하셨다. 사람들이 탑을 쌓는 것을 포기하고 흩어지게 되었다. 그곳 이름이 바벨이다.

That is why it was called Babel

because there the Lord confused the language

of the whole world.

From there the Lord scattered them over the

whole earth.

4. 족장 시대

성서는 모든 문명을 다루지 않고, 세상 모든 역사를 설명하지도 않는다. 곧바로 이스라엘 민족의 역사가 시작된다.

창세기 12장에는 이스라엘 민족의 시조가 되는 아브라함이 나온다. 성서는 이스라엘 민족과 하나님이 맺은 계약을 중심으로 하고 있다. 원래 아브라함은 갈대아 우르에서 우상을 만드는 집에서 태어났다. 이곳은 오늘날 이라크 지역이다. 바벨탑을 쌓았던 시날 평지에서 가깝다.

어느 날 아브라함에게 신이 나타나 새로운 땅으로 가라고 명령한다. 아브라함은 신의 말씀에 순종해 식솔들을 데리고 가나안 땅으로 향한다. 이곳은 신이 아브라함과 그의 후손들에게 주기로 약속한 축복의 땅이다.

구약성서의 큰 줄기는 바로 이러한 가나안 땅에 이스라엘 민족이 정착하는 과정을 다루고 있다. 아브라함에게 아들 이삭이 태어나고, 이삭에게 아들 야곱이 태어난다. 그리고 야곱에게 열두 아들이 태어나는데, 이들이 나중에 이스라엘의 열두 지파를 이루는 시조가 된다. 이때를 족장 시대라고 한다.

창세기Genesis 12장 1~2절

하나님께서 아브람에게 말씀하셨다.

"너의 땅과 친척과 아버지의 집에서 떠나 내가 너에게 보여 줄 땅으로 가거라.

내가 너와 네 후손에게 이 땅 곧 가나안 온 땅을 주어 영원한 기업이 되게 하고, 나는 그들의 하나님이 되리라."

The whole land of Canaan, I will give as
an everlasting possession to you and your
descendants after you; and I will be their God.

창세기Genesis 26장 12~13절

이삭이 그 땅에서 농사하여 백 배나 얻었고
하나님이 복을 주시므로
그 사람이 창대하고 왕성하여 마침내 거부가 되었다.
Isaac planted crops in that land
and the same year reaped a hundredfold,
because the Lord blessed him.

※ 이삭은 아브라함이 나이 100세에 얻은 아들이다.

창세기Genesis 32장 27~28절

천사가 야곱에게 물었다. "네 이름이 무엇이냐?"

야곱이 대답하였다. "야곱입니다."

그러자 천사가 대답하였다.

"너의 이름을 야곱이라 하지 말고 이스라엘이라고 하라.

왜냐하면 네가 하나님과 또 사람과 싸워서 이겼기 때문이다."

Your name will no longer be Jacob, but Israel,

because you have struggled with God and with

humans and have overcome.

※ 야곱은 이삭의 아들이다. 야곱은 얍복강가에 씨름하듯 간절히 기도한
다. 그러자 천사가 나타나 그에게 '이스라엘'이라는 새로운 이름을 준다.

야곱은 네 명의 아내를 통해 열두 자녀를 얻는다. 그중에 특별히 요셉을 사랑하였는데, 이를 시기해 이복형들이 그를 노예 상인에게 팔아버리고 아버지에게는 죽었다고 속인다.

요셉은 애굽으로 팔려 간다. 애굽은 오늘날의 이집트다. 이곳은 고대로부터 나일강을 중심으로 많은 사람들이 살았고, 강한 제국을 이룬 나라였다.

요셉은 그곳에서 온갖 고초를 겪었고, 나중에는 감옥에 갇히는 신세가 된다. 그러나 그에게는 꿈을 해석하는 특별한 지혜가 있었다. 그가 파라오의 꿈을 해석하며 지혜를 인정받아 마침내 애굽의 국무총리에 오른다.

그때, 온 세상에 심한 가뭄이 들어 곡식이 떨어진다. 그러나 애굽에는 지혜로운 요셉에 의해 곡식이 넉넉하였다. 그러자 가나안 땅에 있던 야곱과 그의 형제들도 애굽으로 내려온다.

요셉은 그들을 용서하고 받아주며 보호해 준다. 야곱은 아들 요셉의 품에서 편하게 죽음을 맞이한다. 시간이 흐르면서 야곱의 가족들은 생육하고 번성하며 큰 민족으로 성장하게 된다. 이렇게 해서 생겨난 민족이 바로 이스라엘 민족이다.

요셉이 형들에게 말했다.

"형님들은 나에게 악한 일을 행하였으나 하나님이 그것을 선한 것으로 바꾸셨습니다. 이제 두려워하지 마십시오. 제가 형님들과 자녀들을 잘 돌보아드리겠습니다."

You intended to harm me, but God intended it for good. Don't be afraid, I will provide for you and your children.

5. 애굽 시대

오랜 시간이 흐른 뒤 애굽에 큰 변화가 생긴다. 하이집트 Lower Egypt인 아바리스에 세워진 왕국이 상이집트Upper Egypt에 밀려나 있던 민족들에 의해 멸망한다. 그리고 애굽에 새로운 왕조가 들어선다.

새로운 왕조의 파라오는 요셉이 가뭄에서 애굽을 구한 일을 알지 못했다. 단지, 늘어나는 이스라엘 민족에 대해 두려움을 느낄 뿐이었다. 그래서 그들을 억압하는 정책을 펼친다.

비돔과 라암셋이라는 국고성을 건축하도록 강제노동에 동원한다. 그러나 이러한 억압에도 불구하고 이스라엘 민족은 더 왕성해져 간다. 그러자 파라오는 산파들에게 이스라엘 민족에게 여자 아이가 태어나면 살려두고 사내 아이가 태어나면 죽이라고 명령한다.

이러한 핍박에 시달리던 이스라엘 민족이 신에게 구원해 달라고 부르짖는다. 그러자 신은 이스라엘 민족을 구원하기 위해 모세를 그들에게 보낸다. 모세가 애굽에 열 가지 재앙을 일으키며 이스라엘 민족을 인도해 나간다.

이스라엘 사람들은 번성하여 큰 무리를 이루었다.

그들은 불어나 아주 강해졌다.

이집트 땅이 그들로 가득 찼다.

They multiplied greatly,

increased in numbers and became so numerous

that the land was filled with them.

이스라엘 사람들은 노예살이 때문에 신음하며 부르짖었다.
하나님이 그들의 고통 소리를 들으시고
아브라함과 이삭과 야곱에게 세운 그의 언약을 기억하셨다.
God heard their groaning and
he remembered his covenant
with Abraham, with Isaac and with Jacob.

한밤중이 되자, 하나님께서 애굽 땅에서
첫째로 태어난 것을 모조리 치셨다.
At midnight the Lord struck down
all the firstborn in Egypt.
임금 자리에 앉은 파라오의 맏아들로부터 감옥 죄수의 맏아
들에 이르기까지, 또 집짐승의 첫 새끼도 모조리 치셨다.

※ 하나님이 모세를 통해 애굽에 열 가지 재앙을 내린다. 재앙 중에 마지
막이 애굽에 모든 처음 태어난 것의 죽음이었다. 그러자 파라오는 이스라
엘 민족이 애굽을 나가도록 허락한다.

파라오는 마지막 재앙인 장자의 죽음으로 백기를 들고 이스라엘 민족이 애굽을 떠나도록 허락한다. 이것이 출애굽기다. 출애굽이란 '애굽을 나온다'라는 뜻이다. 영어로 출애굽기 Exodus는 '길을 떠나다'라는 뜻이다. 이스라엘 민족이 애굽에 머물렀던 기간은 430년이었다. 마침내 이스라엘 민족은 애굽에서 나오게 된다.

그러나 파라오는 곧 마음을 바꾸어 이들을 추격해 쫓아온다. 이스라엘 민족은 앞으로는 홍해 바다에 가로 막혔고, 뒤에서는 애굽의 군대가 쫓아왔다.

그때 기적적으로 바다가 갈라지게 된다. 구약성서에서 가장 큰 기적이 일어난다. 이것이 홍해 바다가 갈라지는 기적이다. 이스라엘 민족은 갈라진 바닷길을 건넌다. 뒤쫓아온 애굽의 군대는 바닷물이 다시 합쳐지면서 모두 수장된다.

모세가 바다 위로 손을 내뻗었다.

그러자 하나님이 밤새도록 바닷물을 물러가게 하시니

물이 갈라져 바다가 마른 땅이 되었다.

Then Moses stretched out his hand over the sea,

and all that night the Lord drove the sea back

with a strong wind and turned it into dry land.

이스라엘 사람들은 바다 한가운데 마른 땅으로 걸어갔다.

아론의 누나인 선지자 미리암이 손에 소고를 잡았다. 모든 여인들도 그를 따라 나오며 소고를 잡고 춤을 추었다. 미리암이 그들에게 화답하며 노래했다.

"너희는 하나님을 찬송하라. 그는 높고 영화로우시며 말과 그 탄 자를 바다에 던지셨도다."

"Sing to the Lord, for he is highly exalted. The horse and its rider he has hurled into the sea."

※ 이것은 구약성서에 가장 오래된 운문시 중 하나로, 홍해 바다가 갈라진 사건을 찬양하는 미리암의 노래이다. 미리암은 모세의 사촌이다.

6. 시내산 계약

홍해를 건넌 이스라엘 민족은 시나이반도Sinai Peninsula에 있는 시내산Mount Sinai으로 향한다. 이곳은 신이 모세에게 나타나 이스라엘 민족을 구원하도록 사명을 주었던 곳이다.

이스라엘 민족은 시내산에서 자신들을 구원한 신과 계약을 맺는다. 계약의 내용은 '하나님은 이스라엘의 하나님이 되고(God of Israel) 이스라엘은 하나님의 백성(People of God)이 된다'라는 것이다. 이것은 서로의 약속으로 쌍무적 계약이다.

그 징표로 하나님이 직접 기록한 열 개의 계명이 적힌 돌판을 받는다. 이 돌판이 바로 '십계명'이다.

십계명은, 첫째부터 넷째까지는 신과 인간에 대한 계명이고, 다섯째부터 열째까지는 인간과 인간 사이에 지켜야 할 계명이다. 이스라엘이 하나님의 백성이 되기 위해서는 하나님의 백성답게 살아야 한다는 것이다. 이 계명을 지킴으로 하나님은 이스라엘의 보호자가 된다는 상호간의 계약이다.

출애굽기Exodus 19장 1~6절

이스라엘 자손이 애굽 땅을 떠난 지 3개월이 되던 날, 그들이 시나이 광야에 이르렀다. 하나님이 이스라엘 자손에게 말씀하셨다.

"너희가 내 말을 잘 듣고 내 언약을 지키면

너희는 모든 민족 중에서 내 소유가 되겠고,

온 세상이 다 나의 것이니,

너희는 제사장 나라가 되며 거룩한 백성이 되리라."

Now if you obey me fully and keep my covenant,

then out of all nations you will be my treasured

possession.

Although the whole earth is mine,

you will be for me a kingdom of priests and a

holy nation.

출애굽기Exodus 20장 1~17절

1. 나 이외에 다른 신을 섬기지 말라.

2. 우상을 만들지 말라.

3. 하나님 이름을 망령되이 부르지 말라.

4. 안식일을 거룩하게 지키라.

5. 네 부모를 공경하라.

그리하면 내가 주는 땅에서 너희가 장수하리라.

Honor your father and your mother,

so that you may live long in the land

the Lord your God is giving you.

6. 살인하지 말라.

7. 간음하지 말라.

8. 도둑질하지 말라.

9. 거짓 증거하지 말라.

10. 이웃의 것을 탐내지 말라.

※ 이것이 십계명(Ten Commandment)이다. 이중에 부모를 공경하는 것이 장수의 비결이다.

출애굽기Exodus 21장 23~25절

그러나 다른 해가 있으면 갚되

생명은 생명으로,

눈은 눈으로, 이는 이로,

손은 손으로, 발은 발로,

덴 것은 덴 것으로,

상하게 한 것은 상함으로

때림은 때림으로 갚으라.

You are to take life for life,

eye for eye, tooth for tooth,

hand for hand, foot for foot,

burn for burn, wound for wound,

bruise for bruise.

※ '눈에는 눈, 이에는 이'라는 법을 우리는 무서운 복수의 법으로 안다.
이 법은 함무라비 법전에도 나온다. 그러나 이것은 무서운 복수의 법이
아니다. 자신의 피해 이상을 가해서는 안 된다는 의미다.

너는 과부나 고아를 해롭게 하지 말라.

네가 만일 그들을 해롭게 하므로 그들이 내게 부르짖으면

내가 반드시 그 부르짖음을 들을 것이다.

Do not take advantage of the widow or fatherless.

If you do and they cry out to me,

I will certainly hear their cry.

※ 성서에는 사회적 약자에 대한 배려가 많이 나온다. 지금으로부터 5천 년 전에 이러한 배려를 하라고 가르친다.

다수의 사람들이 잘못을 저지를 때에도 그들을 따라가서는 안 된다. 다수의 사람들이 정의를 굽게 하는 증언을 할 때에도 그들을 따라가서는 안 된다.

Do not follow the crowd in doing wrong. When you give testimony in a lawsuit,

do not pervert justice by siding with the crowd.

모세는 백성들에게 십계명을 담을 상자를 만들게 한다. 그리고 그 안에 돌판을 넣는다. 이것을 '언약궤'라고 한다.

이스라엘 민족은 늘 언약궤를 중심에 모시고 살았다. 광야에서 행진할 때도 늘 언약궤가 중심에 있었다. 제사장이 언약궤를 매고 앞으로 나가면 이스라엘 민족도 나아갔다. 행진이 멈추면 언약궤를 중심에 두고 열두 지파가 세 지파씩 동서남북 사방에 진을 쳤다. 그 중심에는 언약궤가 있었다.

나중에 솔로몬이 성전을 세우고 지성소에 놓았던 것이 바로 이 언약궤다. 다른 이방 신전들은 대게 신들의 신상이 모셔져 있다. 그러나 이스라엘 성전에는 언약궤가 있었다. 이스라엘 민족은 신이 내려준 말씀을 따라서 살아야 함을 보여 준다.

여기까지의 내용을 다루는 것이 창세기 · 출애굽기 · 레위기 · 민수기 · 신명기인데, 이것이 모세 5경이다. 모세가 기록한 것으로 전해지기 때문이다. 이스라엘 민족은 이것을 '토라'라고 하며, 성서에서 가장 중요한 말씀으로 여긴다.

너는 여자와 동침함 같이 남자와 동침하지 말라.
그것은 역겨운 짓이다.
Do not have sexual relations with
a man as one does with a woman;
that is detestable.

※ 레위기에는 여러 가지 제사법, 성결법이 나온다.

레위기Leviticus 19장 18절

원수를 갚지 말며 원망하지 말고
너의 이웃을 너 자신처럼 사랑하라.
Do not seek revenge or
bear a grudge against people,
but love your neighbor as yourself.

레위기Leviticus 25장 23절

땅은 영영 팔아넘길 수 없다. 땅은 나의 것이기 때문이다.

너희는 내 곁에 머무는 나그네요,

나에게 와서 사는 임시 거주자일 뿐이다.

The land must not be sold permanently,

because the land is mine and

you reside in my land as foreigners and strangers.

※ 내가 오늘 화가 난다고 걷어찬 돌맹이 하나도 나보다 오래되었다. 인간은 그 흔한 물 한 방울, 흙 한줌을 만들어내지 못한다.

민수기Numbers 6장 24절~26절

하나님은 네게 복을 주시고 너를 지키시기를 원하며,

하나님은 그의 얼굴을 네게 비추사

은혜 베푸시기를 원하며,

하나님은 그 얼굴을 네게로 향하여 드사

평강 주시기를 원하신다.

The Lord bless you and keep you;

the Lord make his face shine on you

and be gracious to you;

the Lord turn his face toward you

and give you peace.

※ 민수기는 광야에서 백성들의 숫자를 센다는 의미다. 이것은 제사장이
축복하는 말씀이다.

신명기Deuteronomy 6장 4~5절

이스라엘아 들으라.

우리 하나님은 오직 유일한 하나님이시니,

너는 마음을 다하고 뜻을 다하고 힘을 다하여

네 하나님 여호와를 사랑하라.

Love the Lord your God with all your heart and
with all your soul and with all your strength.

※ 신명기는 두 번째 법이라는 의미다. 모세의 3개의 설교로 되어 있다.
위의 말씀은 구약성서에서 가장 중요한 말씀이다. 예수는 이 말씀을 인용
해 이것이 첫 번째 되는 계명이라고 하였다.

7. 가나안 땅 정복기

이스라엘 민족은 광야에서 40년 동안 신의 말씀에 순종하는 훈련을 받는다. 훈련 기간이 끝나자 마침내 가나안 땅으로 향한다. 이곳은 조상 대대로 신이 이스라엘 민족에게 주기로 약속한 땅이다.

성서에 가나안 땅은 젖과 꿀이 흐르는 축복의 땅이라고 하였지만, 실제로는 좋은 땅이 아니다. 흙이 적고 돌과 자갈이 많아 농사 짓기에 척박한 땅이다. 면적도 22,000㎢로 우리나라 강원도만 하다. 지정학적인 위치로 보면, 강대국들 틈바구니에 끼어 있는 작은 땅이다. 아래에는 애굽, 위로는 앗시리아와 바벨론, 그리고 바다 건너에는 로마가 있었다. 그래서 이곳은 늘 외세의 침략에 시달렸다.

그런데 신은 왜 이러한 땅을 축복의 땅이라고 한 것일까?

그 이유는 바로 이곳은 신의 도움이 없이는 한순간도 살 수 없는 곳이기 때문이다. 전적으로 하나님을 믿어야만 살 수 있는 땅이기 때문이다. 성서에서 축복과 저주는 간단하다. 하나님의 뜻에 순종하면 축복이 임하고, 거역하면 저주가 임한다.

너희가 건너가서 차지할 땅은 산과 골짜기가 있어서

하늘에서 내리는 비를 흡수하는 땅이요,

네 하나님 여호와께서 돌보아주시는 땅이다.

한 해의 시작부터 마지막까지

하나님의 눈이 항상 그 위에 있을 것이다.

The eyes of the Lord

your God are continually on it

from the beginning of the years to its end.

신명기Deuteronomy 28장 1절

너희가 하나님 말씀을 잘 듣고 그의 명령을 잘 지켜 행하면
하나님께서 너희를 세계 모든 민족 위에
뛰어나게 하실 것이다.
If you fully obey the Lord your God
and carefully follow all his commands,
the Lord your God will set you high
above all the nations on earth.

※ 신명기 28장은 성서에서 '축복의 장'이라고 한다. 축복의 원리가 무엇
인지 말해 주기 때문이다.

나 외에는 다른 신이 없다.

나는 죽이기도 하고 살리기도 하며, 상하게도 하고 낫게도

하며, 나의 손에서 아무도 빼낼 자가 없다.

There is no god beside me.

I put to death and I bring to life,

I have wounded and I will heal,

and no one can deliver out of my hand.

여호수아 장군의 인도 아래 이스라엘 민족은 가나안 땅으로 진격한다. 그런데 그 입구에는 '여리고'라는 큰 성읍이 있었다. 세계 역사에 가장 오래된 성읍으로 '예리코'가 나온다. 성서에 나오는 '여리고'가 바로 '예리코'이다.

하나님이 기적적으로 여리고 성읍을 무너뜨린다. 큰 성읍 여리고가 무너지자 가나안 땅에 살고 있던 가나안 족속, 아모리 족속, 히위 족속, 여부스 족속, 헷 족속들이 차례로 항복한다. 마침내 이스라엘 민족은 가나안 땅 중심부를 차지하게 된다.

이스라엘 민족은 주변의 민족들을 정복하며 영토를 넓혀 간다. 그중에 해안가에 있는 블레셋 민족은 강력했다. 블레셋에서 오늘날 '팔레스타인'이라는 지명이 유래하였다. '블레셋 사람들이 살고 있는 땅'이라는 뜻이다. 그들을 물리치면서 이스라엘 민족이 가나안 땅의 주인이 된다.

이렇게 시작된 이스라엘과 팔레스타인 사이의 분쟁이 오늘날까지 이어지고 있는 것이다.

여호수아 Joshua 1장 39절

강하고 담대하라. 두려워하지 말며 놀라지 말라.

너희가 어디로 가든지 하나님이 너희와 함께하실 것이다.

Be strong and courageous. Do not be afraid;

do not be discouraged, for the Lord your God

will be with you wherever you go.

※ 여호수아는 모세의 후계자이다. 그가 이스라엘 민족을 이끌고 가나안
땅을 점령해 간다.

이에 백성은 외치고 제사장들은 나팔을 불고, 백성이 나팔 소리를 들을 때에 크게 소리 질러 외치니, 여리고 성벽이 무너져 내렸다. 그러자 백성들이 곧장 진격해 들어가 그 성을 점령하였다.

When the trumpets sounded, the army shouted, and at the sound of the trumpet, when the men gave a loud shout, the wall collapsed; so everyone charged straight in, and they took the city.

하나님이 이스라엘의 조상들에게 주기로 굳게 약속하셨던
땅 전부를 이스라엘에게 주셨다. 그리하여 이스라엘이 그 땅을
차지하고 거기에 살았다.
하나님이 이스라엘 민족에게 말씀하신
선한 말씀이 하나도 남김없이 다 이루어졌다.
Not one of all the Lord's good promises
to Israel failed; every one was fulfilled.

여호수아서에 이어 사사기서와 사무엘서가 나온다. 여기에는 이스라엘 민족이 가나안 땅에 정착해 가는 과정을 보여 준다. 이스라엘은 왕이 아닌 열두 부족연맹체로 유지되었다. 하나님의 특별한 은사를 받은 사람이 다스렸다. 이들을 '사사 Judge'라고 한다. 우리가 알고 있는 '카리스마'는 원래 사사들에게 주어진 하나님의 은사를 말한다. 대표적인 사사에는 삼손, 드보라(女), 기드온이 있다.

그러나 이러한 부족연맹체는 문제점을 가지고 있었다. 부족들이 모이려면 시간이 걸렸기 때문에 적의 침략에 재빨리 대응할 수 없었던 것이다. 그래서 이들은 왕의 필요성을 느끼게 된다. 그 당시 사무엘은 마지막 사사요, 제사장이었다.

백성들이 사무엘에게 왕을 세워 달라고 요구하여 사무엘에 의해 왕이 세워진다. 처음에 사울을 왕으로 세운다. 그는 외모나 풍채가 탁월했지만, 인격이나 신앙적으로 문제가 많았다. 하나님을 따르기보다는 사람들의 비위를 맞추는 데 급급했다. 결국 그는 블레셋과의 전쟁에서 전사한다. 그가 전사한 뒤 두 번째 왕으로 세워지는 사람이 바로 다윗이다.

사사기 Judges 15장 14절

하나님의 영이 삼손에게 갑자기 임하였다.

The Spirit of the Lord came powerfully upon
him.

그러자 그가 나귀 턱뼈로 블레셋 사람 1천 명을 쳐서 이겼다.

※ 삼손의 힘은 머리카락에서 나온 것이 아니다. 하나님의 영이 임하자
그에게 강력한 힘이 나온다. 이것이 카리스마다.

하나님은 죽이기도 하시고 살리기도 하십니다. 스올로 내려가게도 하시고 올라오게도 하십니다. 하나님은 가난하게도 하시고 부하게도 하십니다. 낮추기도 하시고 또 높이기도 하십니다.

The Lord brings death and makes alive;

he brings down to the grave and raises up.

The Lord sends poverty and wealth;

he humbles and he exalts.

※ 사무엘서는 상·하로 되어 있다. 이 말씀은 사무엘의 어머니인 한나가 드린 기도문이다.

사무엘상 1 Samuel 11장 15절

그들이 달려가서 사울을 데려왔다. 그가 사람들 가운데 섰는

데, 모든 사람들보다 어깨 위로 머리 하나만큼 더 컸다.

모든 백성이 사울을 왕으로 삼고

하나님 앞에 화목제를 드리며 크게 기뻐하였다.

All the people made Saul king and

they sacrificed fellowship offerings

before the Lord, and held a great celebration.

※ 용모와 풍채가 당당한 사울이 왕으로 선출된다. 그러나 사울은 마음의
중심이 올바르지 않았다.

사무엘상 1 Samuel 16장 7절

하나님이 사무엘에게 말씀하셨다.

"내가 보는 것은 사람과 같지 않다.

사람은 외모를 보거니와 나는 중심을 보느니라."

The Lord does not look at the things people

look at. People look at the outward appearance,

but the Lord looks at the heart.

사무엘이 기름 뿔 병을 가져다가 다윗에게 부으니

이날 이후로 다윗이 하나님의 영에 크게 감동되었다.

※ 사무엘이 다윗에게 기름을 붓는다. 기름부음을 받은 사람이 왕이 되었다. '기름을 붓다'는 동사가 헬라어로 '크리오'인데, 여기서 '그리스도'라는 말이 나왔다. 기름부음을 받은 자로, 왕이 될 사람이란 뜻이다.

다윗이 거인 골리앗을 향해 외쳤다.

"너는 칼과 창과 단창으로 내게 나왔지만 나는 만군의 하나님의 이름으로 나가나니 하나님이 너를 오늘 내 손에 넘기실 것이다.

전쟁은 하나님께 속한 것이니

그가 너희를 우리 손에 넘기시리라."

For the battle is the Lord's,

and he will give all of you into our hands.

다윗이 물맷돌을 던지니 골리앗의 이마에 정통으로 맞아 쓰러졌다. 그러자 달려가 골리앗의 칼로 그를 죽였다.

※ 다윗과 골리앗이 싸우는 장면이다. 미켈렌젤로가 조각한 〈다비드상〉이 소년 다윗이 골리앗과 싸우는 모습이다. 그래서 손에 물맷돌이 들려 있다.

8. 왕국 시대

사울 왕이 블레셋과의 전쟁에서 전사하자 사람들이 다윗을 왕으로 세운다. 다윗은 이스라엘의 두 번째 왕이 된다. 이스라엘은 다윗과 그의 아들 솔로몬 시대에 전성기를 이룬다.

다윗은 영토를 넓히며 강한 나라를 이루는 기초를 다졌고, 아들 솔로몬은 예루살렘에 왕궁과 성전을 세우며 강력한 제국을 이루어 나간다. 솔로몬은 지혜가 출중한 왕이었다. 그의 왕국이 얼마나 부유했는지, 은이 돌보다 흔하였다고 한다.

성서에는 이러한 다윗과 솔로몬이 지은 많은 시편Psalms과 잠언Proverbs이 있다. 잠언서는 격언이나 속담과 비슷한데 세상에 있는 최고의 지혜들을 모아 선별한 것이다. 솔로몬이 지은 것도 있지만, 그 당시 편찬되었기 때문에 솔로몬 왕의 이름을 붙여 '솔로몬의 잠언'이라고 한다.

잠언 Proverbs 1장 7절

하나님을 경외하는 것이 지혜의 근본이요,

거룩한 자를 아는 것이 명철함이다.

The fear of the Lord is the beginning of wisdom,

and knowledge of the Holy One is understanding.

※잠언에는 우리에게 지혜를 알려주는 많은 말씀들이 있는데, 하나님을
경외하는 것이 지혜의 근본이라고 말한다. 경외라는 의미는 존경하되 두
려움을 포함하는 것을 말한다.

말이 많으면 허물을 면하기 어려우나

그 입술을 제어하는 자는 지혜로운 사람이다.

When words are many, sin is not absent,

but he who holds his tongue is wise.

잠언 Proverbs 15장 3절

어느 곳에나 하나님의 눈이 있어서,

선한 사람과 악한 사람을 지켜보신다.

The eyes of the Lord are everywhere,

keeping watch on the wicked and the good.

사람이 마음으로 자기의 길을 계획할지라도

그의 걸음을 인도하시는 분은 하나님이시다.

In his heart a man plans his course,

but the Lord determines his steps.

허물을 덮어 주면 사랑을 받고,

허물을 거듭 말하면 친구를 갈라놓는다.

Whoever would foster love covers over

an offense, but whoever repeats the matter

separates close friends.

마음의 즐거움은 좋은 약이 되나

마음의 근심은 뼈를 마르게 한다.

A cheerful heart is good medicine,

but a crushed spirit dries up the bones.

네 바깥 일을 다 해놓고, 네 밭 일을 다 살핀 다음에
네 가정을 세우라.
Finish your outdoor work
and get your fields ready;
after that, build your house.

쇠가 쇠를 단련하듯이

사람은 사람을 통해 단련된다.

As iron sharpens iron,

so one man sharpens another.

사람의 얼굴이 물에 비치듯이,

사람의 마음이 그 사람을 드러낸다.

As water reflects a face,

so a man's heart reflects the man.

시편 Psalms 1편 1~3절

복 있는 사람은 악인들의 꾀를 따르지 아니하며, 죄인들의
길에 서지 아니하며, 오만한 자들의 자리에 앉지 아니하고,

오직 하나님의 법을 즐거워하며,

그의 법을 주야로 묵상하는도다.

But his delight is in the law of the Lord,

and on his law he meditates day and night.

그는 시냇가에 심은 나무가 철 따라 열매를 맺으며 그 잎사귀
가 마르지 아니함 같으니, 그가 하는 모든 일이 형통하리로다.

※ 성서에는 150개나 되는 시편Psalms들이 있는데, 지은이가 다양하다.
시편 처음에 복 있는 사람의 길이 어떤 것인지 나온다.

시편 Psalms 23편

하나님은 나의 목자시니 내게 부족함이 없으리로다.

그가 나를 푸른 풀밭에 누이시며

쉴 만한 물가로 인도하시는도다.

내가 사망의 음침한 골짜기로 다닐지라도

해를 두려워하지 않는 것은 주께서 나와 함께하심이라.

주의 지팡이와 막대기가 나를 보호하시나이다.

내 평생에 선하심과 인자하심이 반드시 나를 따르리니

내가 하나님의 집에 영원히 살리로다.

Surely your goodness and love

will follow me all the days of my life,

and I will dwell in the house of the Lord forever.

※시편 23편은 다윗이 지은 대표적인 시다.

시편Psalms 42편 5절

내 영혼아, 네가 어찌하여 낙심하며

어찌하여 내 속에서 불안해 하는가?

너는 하나님께 소망을 두라.

그가 나타나 도우심으로 말미암아

내가 여전히 찬송하리로다.

Why, my soul, are you downcast?

Why so disturbed within me?

Put your hope in God,

for I will yet praise him,

my Savior and my God.

너희 집에 있는 수소나 너희 가축 우리에 있는 숫염소가 내게는 필요 없다. 숲 속의 뭇 짐승이 다 나의 것이요, 수많은 산 짐승이 모두 나의 것이 아니더냐?

산에 있는 저 모든 새도 내가 다 알고 있고,

들에서 움직이는 저 모든 생물도 다 내 품 안에 있다.

I know every bird in the mountains,

and the insects in the fields are mine.

우리 인생의 길이가 70이요, 강건하면 80이라도,

그 인생의 자랑은 수고와 슬픔뿐이요,

신속히 가니 우리가 날아간다.

The length of our days is seventy years, or eighty,

if we have the strength;

yet the best of them are but trouble and sorrow,

for they quickly pass, and we fly away.

솔로몬은 많은 이방異邦의 여자들과 결혼하면서 타락해 간
다. 이들의 신을 위한 신전을 세우고, 심지어 이방의 신을 섬기
기까지 한다.

결국 그의 아들 르호보암부터 나라가 둘로 갈라지게 된다.
유다 부족을 중심으로 한 남왕국은 다윗 계열의 왕을 인정한
다. 다윗이 유다 부족 출신이었기 때문이다.

그러나 다른 10개 부족은 솔로몬의 신하였던 여로보암을 중
심으로 북왕국을 세운다. 그들은 남 · 북으로 갈라져 격렬한 싸
움을 하게 된다. 뿐만 아니라 백성들까지 우상숭배에 깊이 빠
지며 타락해 간다. 그러면서 다윗과 솔로몬이 이룩한 왕국은
급속도로 쇄락의 길을 걷는다. 주변에 복속되어 있던 민족들까
지 이스라엘의 통제에서 벗어나면서 혼란이 가중된다.

열왕기서Kings와 역대기서Chronicles는 왕들을 중심으로
기록한 이스라엘의 역사서이다. 여기에 이스라엘의 타락이 잘
나타난다.

열왕기상 1 Kings 11장 1절~2절

솔로몬 왕이 파라오의 딸 외에도 이방의 많은 여인을 사랑하였으니, 곧 모압과 암몬과 에돔과 시돈과 헷 여인이라.

King Solomon, however, loved many foreign women besides Pharaoh's daughter; Moabites, Ammonites, Edomites,Sidonians and Hittites.

솔로몬이 나이가 많을 때에 그의 여인들이 그의 마음을 돌려 다른 신들을 따르게 하였다.

열왕기상 1 Kings 14장 22~24절

백성들이 하나님 보시기에 악을 행하되

그의 조상들이 행한 모든 일보다 뛰어나게 하여 그 범한 죄로 하나님을 노엽게 하였으니, 이는 그들도 산 위에와 모든 푸른 나무 아래에 산당과 우상과 아세라 상을 세웠음이라.

그 땅에 또 남색하는 자가 있었고, 하나님께서 이스라엘 자손 앞에서 쫓아내신 국민의 모든 가증한 일을 무리가 본받아 행하였다.

There were even male shrine prostitutes in the land; the people engaged in all the detestable practices of the nations the Lord driven out before the Israelites.

※ 이스라엘 민족이 이방신들을 섬기며 타락해 간다. 종교적인 타락은 사회적인 타락으로 직결된다. 남색(male shrine prostitutes)은 신전에서 일하는 남자 매춘부로 남자 간의 동성애를 말한다.

엘리야가 모든 백성에게 가까이 나아가 이르되,

너희가 어느 때까지 둘 사이에서 머뭇거리느냐?

하나님이 참신이면 그를 따르고

바알이 참신이면 그를 따르라.

How long will you waver between two opinions?

If the Lord is God, follow him;

but if Baal is God, follow him.

※ 하나님은 타락한 이스라엘 민족을 돌이키기 위해 많은 선지자들Prophet
을 보낸다. 초기에 활약한 대표적인 선지자가 엘리야이다. 바알신은 가나
안 땅에서 폭넓게 섬겼던 신이다.

이스라엘 민족은 이방신들을 섬기며 종교적으로 타락하게 된다. 종교적인 타락은 곧 사회적인 타락으로 이어지게 된다. 정신이 타락하면 사회적 죄악이 늘어난다. 그래서 이들은 원래 가나안에 살고 있던 민족들보다 더 악한 죄를 저지른다. 전혀 신의 백성답게 살지 않았다. 신이 선지자들을 보내 이러한 타락에서 돌이키도록 호소한다.

이사야, 예레미야, 아모스, 호세아, 미가와 같은 선지자들이 출현한다. 그러나 선지자들의 간곡한 호소에도 불구하고 이스라엘 민족은 더욱더 타락해 간다.

성서에는 이러한 이스라엘의 타락을 책망하는 많은 예언서들이 기록되어 있다.

예레미야 Jeremiah 4장 19~22절

슬프고 아프다, 내 마음속이 아프고
내 마음이 답답하여 잠잠할 수 없구나.
내 백성은 나를 알지 못하는 어리석은 자요,
지각이 없는 미련한 자식이다.
악을 행하기에는 지각이 있으나
선을 행하기에는 무지하도다.
They are skilled in doing evil;
they know not how to do good.

※ 예레미야는 '눈물의 선지자'라고 한다. 백성들의 타락을 눈물로 간절히 애원하며 죄악에서 돌이키도록 호소하였기 때문이다.

아모스 Amos 2장 6~7절

하나님이 이와 같이 말씀하시되,

이스라엘의 서너 가지 죄로 말미암아 내가 그 벌을 돌이키지
아니하리니, 이는 그들이 은을 받고 의인을 팔며, 신 한 켤레를
받고 가난한 자를 팔며, 힘 없는 자의 머리를 티끌 먼지 속에
발로 밟고, 연약한 자의 길을 굽게 하며, 아버지와 아들이 한
젊은 여인에게 다녀서 내 거룩한 이름을 더럽힘이라.

오직 정의를 물같이,

공의를 마르지 않는 강같이 흐르게 할지어다.

But let justice roll on like a river,

righteousness like a never-failing stream!

※ 아모스 선지자는 백성들의 사회적인 타락을 비판한 선지자이다. 이들
이 가난한 자들을 돌보지 않고 포악을 행하는 것을 비판한다.

호세아 Hosea 1장 2절

하나님이 호세아에게 이르시되
"너는 가서 음란한 여자를 맞이하여
음란한 자식들을 낳으라.
이 나라가 여호와를 떠나 음란함이니라."
The Lord said to Hosea,
"Go, take to yourself an adulterous wife
and children of unfaithfulness,
because the land is guilty of the vilest adultery
in departing from the Lord."

※ 호세아 선지자는 백성들의 종교적인 타락을 비판한 선지자이다. 여러
신을 섬기는 이스라엘을 음란한 여자에 비유하며 책망한다.

9. 이스라엘 멸망기

이스라엘은 결국 신의 심판을 받는다. 먼저, 북왕국이 B.C. 721년에 앗시리아 제국에 의해 멸망한다. 남왕국은 150년 정도 더 지속되다가 B.C. 587년에 바벨론 제국에 의해 멸망한다. 이때 예루살렘이 파괴되면서 성전도 파괴되고, 그 안에 있던 언약궤도 상실하게 된다.

앗시리아에 의해 끌려간 북왕국 사람들은 앗시리아가 펼친 민족혼혈정책으로 뒤섞여 정체성을 잃어버린다. 이렇게 해서 나온 사람들이 사마리아인들이다.

반면, 바벨론에 의해 포로로 끌려간 사람들은 그발Kebar 강가에서 힘겨운 포로 생활을 하게 된다. 이들은 이스라엘 민족으로의 정체성을 유지할 수 있었다. 이때 끌려간 사람들이 유다 지파 사람들이었기 때문에 이후에 이스라엘 민족을 유대인Jews이라고 부르게 된다.

열왕기하 2 Kings 17장 6절

호세아 왕 제위 9년에

앗수르 왕이 사마리아를 점령하고

이스라엘 사람을 사로잡아 앗수르로 끌고 가니라.

In the ninth year of Hoshea,

the king of Assyria captured Samaria and

deported the Israelites to Assyria.

※ 호세아Hoshea는 북왕국의 마지막 왕이다.

요시야와 같이 마음을 다하고 뜻을 다하고 힘을 다하여

모세의 모든 율법을 따라 하나님께 돌이킨 왕은

요시야 전에도 없었고

후에도 그와 같은 자가 없었다.

그러나 하나님은 유다를 향해 타오르는

진노를 돌이키지 아니하셨다.

Nevertheless,

the Lord did not turn away from

the heat of his fierce anger.

※ 요시야 왕은 유다 왕들 중에 백성들을 죄에서 돌이키기 위해 애쓴 왕으로, 선하게 평가 받는 몇 안 되는 왕 중의 하나다. 애굽의 파라오 느고가 앗시리아를 돕기 위해 진군했을 때 요시야가 므깃도에서 막아선다. 그러나 그가 므깃도에서 전사하며 백성들은 돌이킬 수 있는 기회를 잃는다. 기회 있을 때 돌이켜야 한다. 신약성서 마지막인 요한계시록에는 세상 마지막 전쟁이 일어나는 곳이 나온다. 바로 '아마겟돈'이다. 이 말은 '산'이라는 '하르'와 '므깃도'가 합쳐진 단어로, '므깃도 산'이라는 뜻이다. 바로 요시야 왕이 전사한 산이다.

시드기아 왕 제위 9년 열째 달 10일에
바벨론의 왕 느부갓네살이 그의 모든 군대를 거느리고
예루살렘을 치러 올라왔다.
In the ninth year of Zedekiah's reign,
on the tenth day of the tenth month,
Nebuchadnezzar king of Babylon marched against
Jerusalem with his whole army.
그 성에 대하여 진을 치고 주위에 토성을 쌓으매 성벽이 파괴되었다. 시드기야의 아들들을 그의 눈앞에서 죽이고, 시드기야의 두 눈을 빼고, 놋 사슬로 결박하여 바벨론으로 끌고 갔다.

※ 시드기야는 남왕국 유다의 마지막 왕이다. 느부갓네살 왕은 신바벨론 왕국의 전성기를 이끈 왕으로, 고대 7대 불가사의 중 하나인 바벨론의 공중정원을 세운 왕이다.

에스더Esther 4장15~16절

에스더가 모르드개에게 알렸다.

"당신은 가서 수산성에 있는 유대인을 다 모으고 나를 위하여 3일 밤낮을 금식하여 주십시오. 나도 당신과 같이 금식한 후에 규례를 어기고 왕에게 나아갈 것이니, 죽으면 죽으리이다."

"Go, gather together all the Jews who are in Susa, and fast for me three days and three nights. I will fast as you do. Then I will go to the king, even though it is against the law. And if I perish, I perish!"

※ 에스더서는 바벨론 포로기를 배경으로 하고 있다. 에스더는 유대인 포로 출신으로 페르시아의 황비가 되는 인물이다. 수산성은 페르시아 제국의 일곱 개 수도 중 하나다. 그 당시 하만이라는 자가 왕의 신임을 얻어 큰 권력을 잡고 있었다. 하만은 이스라엘 민족과 원수지간인 아말렉 족속의 후손이었다. 그가 권력을 이용해 이스라엘 민족 전체를 몰살하려는 계략을 꾸민다. 그러나 에스더가 '죽으면 죽으리라' 하는 용기로 왕에게 나아가 하만의 잘못을 알리며 이스라엘 민족을 구해 낸다. 이것을 기념해 유대인들은 오늘날까지 '부림절'이라는 명절을 지키고 있다.

다니엘Daniel 6장 19~23절

왕이 새벽에 일어나 급히 사자 굴로 갔다. "다니엘아, 네가
항상 섬기는 하나님이 능히 너를 구원하셨느냐?"
다니엘이 "대왕이시여, 만수무강 하옵소서" 하였다.
왕이 기뻐서 명하여 다니엘을 굴에서 올리게 했다.
그들이 다니엘을 굴에서 올린 즉
그의 몸이 조금도 상하지 아니하였으니
이는 그가 자기의 하나님을 믿었기 때문이었다.
And when Daniel was lifted from the den,
no wound was found on him,
because he had trusted in his God.

※ 유대인 포로 출신으로 다니엘은 총리에 오른다. 그러나 그를 시기한
무리들의 모함으로 사자 굴에 던져진다. 그 속에서도 하나님의 보호하심
으로 살아난다.

성서에는 이스라엘 민족이 바벨론에 의해 멸망할 것과 70년
의 포로 기간이 예언되어 있다. 그 기간이 지나자 이스라엘에
게 잠깐의 회복기가 온다. 혜성과 같이 나타난 페르시아의 고
레스 왕에 의해 바벨론이 멸망하는데, 고레스 왕은 세계사에
큰 획을 그은 키루스 대왕(Cyrus the Great)이다.

그의 전설은 유명하다.

메디아 왕국의 아스티아게스 왕에게 만다네라는 공주가 있
었는데, 결혼할 나이가 되자 왕은 속국의 작은 왕국인 안산
Anshan의 왕자에게 시집 보냈다. 얼마 뒤 공주가 아이를 낳으
러 친정에 왔는데, 왕은 신하인 하로파고스에게 공주가 아이를
낳으면 죽이라고 명했다. '공주가 낳은 아이가 아시아를 지배
할 것'이라는 신탁이 있었기 때문이다. 그러나 신하는 아이를
죽이지 않고 소치기에게 주어 몰래 기르게 했다.

아이는 성장해 왕자의 신분을 되찾고, 결국 안산의 왕이 된
고레스는 뛰어난 능력으로 주변의 나라들을 정복한다. 그러자
아스티아게스 왕은 신하인 하르파고스에게 군사를 주어 고레
스를 치게 했다. 그러나 하로파고스는 자신의 아들을 잔인하게

죽인 왕에게 복수하기 위해 고레스에게 항복하고, 결국 메디아 왕국은 고레스에 의해 멸망한다.

이제 남은 적은 바벨론뿐이었다. 역사가 헤로도토스는, 당시 바벨론의 둘레가 88㎞가 넘고 주변에 거대한 물이 흐르는 해자가 있으며 그 너머에는 90m가 넘는 성벽이 이중으로 둘러싸여 있었다고 전한다. 외부에서는 어떠한 적도 들어갈 수 없었지만, 적은 늘 내부에 있는 법. 그 당시 바벨론의 왕 나보니두스는 신전 발굴에 몰두하며 나라는 아들에게 맡겨놓고 수도를 비우기 일쑤였다. 그런 왕을 싫어했던 백성들이 안에서 문을 열어주며 고레스 왕을 해방자로 맞이하였다. B.C.539년 바벨론까지 차지한 고레스 왕에 의해 세워진 나라가 인류 역사상 가장 큰 영토를 차지했던 페르시아 제국이다.

고레스 왕은 바벨론에 의해 각 나라에서 포로로 끌려왔던 사람들을 본국으로 돌아갈 수 있게 조치해 주었다. 성서는 이러한 고레스 대왕에 대해 '신이 이스라엘 민족을 위해 준비한 사람'이라고 칭송한다. 이러한 고레스 왕의 명령(칙령)이 성서에 기록되어 있다.

페르시아 왕 고레스가 이같이 말하노라.

"하늘의 신 하나님께서 세상 만국을 내게 주셨고, 나에게 명령하여 유다 예루살렘에 성전을 건축하라 하셨으니,

This is what Cyrus king of Persia says:

"The Lord, the God of heaven, has given me all the kingdom of the earth and he appointed me to build a temple for him at Jerusalem in Judah.

너희 중에 그의 백성된 자는 다 본국으로 돌아갈지어다. 너희 하나님 여호와께서 함께하시기를 원하노라."

※ 고레스 왕이 내린 칙령Proclamation으로 에스라 1장에도 반복되어 나온다. 이 칙령이 적힌 것을 '고레스 실린더(The Cyrus Cylinder)'라고 하는데, 현재 영국 대영박물관에 소장되어 있다.

고레스 왕의 칙령에 의해 이스라엘 민족 중에 일부가 가나안 땅으로 돌아간다. 그러나 대부분의 사람들은 오랫동안 살아왔던 지역에 계속해 살아간다. 이러한 이스라엘 민족을 '디아스포라διασπορα'라고 하는데, '흩어진 사람들'이라는 뜻이다. 나라 없이 2,500년 동안 전 세계에 흩어져 살았던 이들을 통상적으로 '유대인Jew'이라고 한다.

구약성서에는 이런 역사적인 부분뿐 아니라 인간의 깊은 내면을 성찰하는 말씀들도 많다. 욥기Job와 전도서Ecclesiastes가 대표적이다. 욥기는 '사람에게 왜 고난이 오는가?', '선한 사람에게도 왜 재앙이 일어나는가?' 하는 문제를 깊이 있게 다룬다. 욥기서는 성서에서 가장 심도 깊은 부분으로, 연령대별로 읽을 때마다 감동이 다르다.

전도서는 솔로몬이 인생의 마지막에 기록한 것이다. 솔로몬은 세상에서 부귀영화를 다 누린 왕이다. 그런 솔로몬이 인생의 마지막에 사람에게 가장 소중하고 의미 있는 것이 무엇인지 깨닫고 쓴 것이 바로 전도서다.

욥기 Job 1장 1~3절

우스라는 곳에 욥이라는 사람이 살고 있었다.

그는 흠이 없고 정직하였으며, 하나님을 경외하고 악을 멀리

하는 사람이었다. 그에게는 아들 일곱과 딸 셋이 있고, 양이 7

천 마리, 낙타가 3천 마리, 소가 500마리나 있었고, 종들도 많

았다.

그는 동방에서 으뜸가는 부자였다.

He was the greatest man among

all the people of the East.

※ 욥은 모든 것이 만족스러웠다. 많은 재산이 있었고, 가정도 화목했고,
건강했다.

내가 모태에서 빈손으로 태어났으니,

죽을 때에도 빈손으로 돌아갈 것입니다.

Naked I came from my mother's womb,

and naked will depart.

※ 그런데 욥에게 하루아침에 재앙이 닥친다. 도적떼들이 갑자기 나타나 재산을 빼앗아 가고, 집이 무너져 한 집에 있던 자식들이 모두 죽는 사고를 딩하고, 머리에서 발끝까지 중병이 든다. 이러한 고난 속에서 욥이 하는 말이다.

욥기 Job 23장 8절

내가 앞으로 가도 그가 아니 계시고,

뒤로 가도 보이지 아니하며,

그가 왼쪽에서 일하시나 내가 만날 수 없고,

그가 오른쪽으로 돌이키시나 뵈올 수 없구나.

But if I go to the east, he is not there;

if I go to the west, I do not find him.

※ 재앙이 닥치면 사람들은 무언가 잘못해서 그럴 것이라고 생각한다. 욥의 친구들은 그가 잘못해 신이 벌을 내린 것이라며 상처를 준다. 욥에게 가장 힘든 것이 하나님이 느껴지지 않는 것이었다. 그 속에서 욥은 자신의 삶에 대한 많은 의문을 갖게 된다.

욥기Job 23장 10절

나의 가는 길을 오직 하나님이 아시나니

그가 나를 단련하신 후에는

내가 순금같이 되어 나올 것입니다.

God knows the way that I take;

when he has tested me,

I will come forth as gold.

※ 욥기서의 대표적인 말씀이다. 고난 속에서 욥은 자신이 가는 길을 하나님만이 아신다는 확신을 갖게 된다.

지혜는 어디서 얻으며 명철이 있는 곳은 어디인가. 그 길을 사람이 알지 못하나니, 사람 사는 땅에서는 찾을 수 없구나.

하나님이 그 길을 아시며 있는 곳을 아시나니,

이는 그가 땅끝까지 감찰하시며 온 천하를 살피심이라.

God understands the way to it and he alone knows where it dwells,

for he views the ends of the earth and sees everything under the heavens.

※ 인생은 알 수 없는 수수께끼다. 이것을 이해하려면 지혜가 필요하다. 지혜는 이 세상의 창조자이신 하나님이 아신다. 인생의 길도 하나님이 아신다.

욥기 Job 38장 41절

그때에 하나님께서 폭풍우 가운데에서 욥에게 말씀하셨다.

Then the Lord spoke to Job out of the storm.

내가 땅의 기초를 놓을 때에 네가 어디 있었느냐?

광명이 어느 길로 뻗치며 동풍이 어느 길로 땅에 흩어지느냐?

네가 하늘의 궤도를 아느냐?

누가 사람 없는 땅에 비를 내려 흡족하게 하느냐?

산 짐승이 새끼 치는 때를 네가 아느냐?

까마귀 새끼가 먹을 것이 없어 부르짖을 때 먹이를 마련하는 자가 누구냐?

네가 베헤못과 리워야단을 끌어낼 수 있겠느냐?

※ 욥에게 하나님이 직접 말씀해 주신다. 하나님이 세상 만물의 주관자임을 보여 준다. 베헤못과 리워야단은 공룡의 일종으로 보인다.

욥기 Job 42장 5절

욥이 하나님께 대답하였다.

"내가 하나님에 대해 귀로 듣기만 하였으나,

이제는 눈으로 주를 보나이다."

My ears had heard of you

but now my eyes have seen you.

※ 욥은 인생의 답답함 속에서도 믿음을 잃지 않는다. 욥기서 마지막에 그런 욥에게 하나님이 직접 말씀하신다. 욥이 하나님 말씀을 들으며 모든 불평이 사라진다. 하나님은 욥이 잃었던 재물을 모두 다 두 배로 갚아주신다. 그러나 자녀들은 똑같은 숫자를 주시는데, 천국에 가면 죽은 자녀들을 다시 만날 수 있기 때문이다.

전도서Ecclesiastes 1장 1~2절

다윗의 아들 예루살렘의 왕 설교자가 말한다.

"헛되고 헛되다. 헛되고 헛되다. 모든 것이 헛되다."

"Meaningless! Meaningless!" says the Teacher.

"Utterly meaningless! Everything is meaningless."

※ 전도서Ecclesiastes는 집회의 설교자 또는 교사가 하는 말이다. '헛되다'는 영어로 Meaningless인데 '의미가 없다'는 뜻이다. 세상에는 의미 있는 것과 의미 없는 것이 있다. 전도서는 인생에서 무엇이 의미 있는 것인지 알려준다.

전도서Ecclesiastes 1장 9절

이미 있던 것이 훗날에 다시 있을 것이며,

이미 일어났던 일이 훗날에 다시 일어날 것이다.

이 세상에 새것이란 없다. (해 아래 새것이란 없다.)

There is nothing new under the sun.

모든 일에는 다 때가 있다. 천하만사가 다 때가 있다.

There is a time for everything,

and a season for every activity under the heavens:

태어날 때가 있고 죽을 때가 있다.

심을 때가 있고 뽑을 때가 있다.

헐 때가 있고 세울 때가 있다.

울 때가 있고 웃을 때가 있다.

찾을 때가 있고 잃을 때가 있다.

사랑할 때가 있고 미워할 때가 있다.

전쟁할 때가 있고 평화할 때가 있다.

내가 모든 수고와 모든 성취를 들여다보니,

사람과 사람 사이의 경쟁에서 비롯되는 것임을 깨달았다.

그러나 이것 또한 허무하고 바람을 붙잡으려는 것과 같다.

I saw that all toil and all achievement spring

from one person's envy of another.

This too is meaningless, a chasing after the wind.

초상집에 가는 것이 잔칫집에 가는 것보다 나으니
It is better to go to a house of mourning
than to go to a house of feasting,
살아 있는 사람은 누구나 죽는다는 것을 명심하여야 한다.

억압은 지혜로운 사람을 바보로 만들고,

뇌물은 마음을 부패하게 만든다.

Extortion turns a wise person into a fool,

and a bribe corrupts the heart.

전도서Ecclesiastes 12장 1~2절

너는 젊을 때에 너의 창조주를 기억하라.

Remember your Creator

in the days of your youth.

곧 나이 들어 삶의 의미가 없어지기 전에

나는 아무 낙이 없다고 할 시간이 가깝기 전에 그리하라.

※ 전도서는 조금이라도 젊었을 때 창조주를 기억하라고 충고한다. 이것
이 인생에서 중요하고 의미 있는 것이기 때문이다.

전도서Ecclesiastes 12장 13절

일의 결국을 다 들었으니,

하나님을 경외하고 그의 명령들을 지키라.

이것이 모든 사람의 본분이다.

Fear God and keep his commandments,

for this is the duty of all mankind.

※ 전도서 마지막에 모든 사람의 본분이 무엇인지 나온다. 사람은 자신의
본분을 찾아야 삶의 의미를 찾을 수 있다.

10. 예언자 시대

구약성서는 이스라엘의 멸망과 일시적인 회복을 다루며 끝난다. 그렇다면 신의 뜻이 여기서 멈춘 것일까? 이스라엘의 멸망과 함께 끝나는 것일까? 그렇지 않다.

유대교 성서는 모세 5경, 예언서, 시문학, 역사서의 순서로 되어 있다. 역사서가 마지막에 있다. 이스라엘의 멸망과 함께 성서를 끝맺는다. 그러나 기독교나 가톨릭 성서는 유대교 성서와 구조가 다르다.

모세 5경, 역사서, 시문학 그리고 예언서로 되어 있다. 예언서가 마지막에 있다. 차이가 무엇일까?

세계로 흩어진 이스라엘 민족들(디아스포라)은 삶의 자리에서 많은 고난을 겪게 된다. 대표적인 사례로, 중세 시대 유럽에 흑사병이 번졌을 때 유대인들이 큰 피해를 당한 것을 들 수 있다. 유대인들이 병을 퍼트린다며 모함했기 때문이다.

이사야 Isaiah **7장 14절**

그러므로 하나님이 친히 징조를 너희에게 주실 것이다.

보라, 처녀가 잉태하여 아들을 낳을 것이니,

그의 아들을 임마누엘이라 하리라.

The virgin will be with child and will give birth

to a son, and will call him Immanuel.

※ 이 말씀이 대표적인 메시아 예언이다. 임마누엘은 '하나님이 함께하신
다'는 뜻이다. 하나님이 사람들과 함께함을 알려주는 메시아가 올 것이라
는 예언이다.

유대인들은 나라 잃은 설움을 겪으며 메시아를 갈망하게 된다. 메시아는 신이 이 세상에 보내는 구원자다.

예언서는 하늘에 신이 바로 이러한 메시아를 세상에 보낼 것이라는 약속으로 되어 있다. 메시아가 와서 세상에 고통받는 모든 사람들을 구원할 것이라는 약속으로 되어 있다. 그를 통해 새로운 세상이 열릴 것을 예언한다. 이곳이 소위 파라다이스, 천국이다.

마지막으로 예언서의 말씀을 살펴보자.

성서에 여러 예언자들Prophets이 있다. '선지자' 또는 '대예언자'라고도 한다. 이중에 대표적인 예언자가 이사야, 예레미야, 에스겔인데, 이들을 '대예언자Major Prophets'라고 한다. 성서에 많은 분량이 들어 있다.

그리고 아모스, 호세아, 미가, 요나, 말라기와 같이 짧은 부분을 예언한 글들이 12개의 '소小 선지서'로 묶여 나열되어 있다. 이들을 '소선지자Minor Prophets'라고 한다. 구약성서의 마지막에 말라기서가 있다.

전에 고통 받던 자들에게 흑암이 없을 것이다.

한 아기가 우리에게 났고 한 아들을 우리에게 주실 것이다.

그는 우리의 통치자가 될 것이다.

그의 이름은 놀라우신 조언자,

전능하신 하나님, 영존하시는 아버지,

평화의 왕이라고 불릴 것이다.

And he will called Wonderful Counselor,

Mighty God, Everlasting Father,

Prince of Peace.

이사야 Isaiah 11장 6~9절

그때에 이리가 어린 양과 함께 살며, 표범이 어린 염소와 함
께 누우며, 송아지와 어린 사자와 살찐 짐승이 함께 있어 어린
아이에게 끌리며, 젖 먹는 아이가 독사의 구멍에서 장난하며,
젖 뗀 어린 아이가 독사의 굴에 손을 넣을 것이다.
　나의 거룩한 산 모든 곳에서,
　서로 해하거나 파괴하는 일이 없을 것이다.
They will neither harm nor destroy
on all my holy mountain.

※ 천국의 모습을 자연 세계로 비유하여 보여 준다.

이사야 Isaiah 42장 1절

내가 붙드는 나의 종, 내 마음에 기뻐하는 자, 곧 내가 택한 사람을 보라. 내가 나의 영을 그에게 주었은즉 그가 세상에 정의를 베풀리라.

그가 상한 갈대를 꺾지 않으며

꺼져 가는 등불을 끄지 않을 것이다.

A bruised reed he will not break, and

a smoldering wick he will not snuff out.

※ 세상은 약하고 가난한 사람을 짓밟는다. 그러나 하나님이 보내는 구원자는 그들을 돌보며 보호한다. 그가 세상에 정의를 시행한다.

그가 찔림은 우리의 허물 때문이요, 그가 상함은 우리의 죄악 때문이라. 그가 징계를 받으므로 우리는 평화를 누리고, 그가 채찍에 맞으므로 우리는 나음을 받았도다.

우리는 다 양 같아서 그릇 행하여 각기 제 길로 갔거늘
We all, like sheep, have gone astray,
each of us has turned to his own way;
하나님이 우리 모두의 죄악을 그에게 담당시키셨도다.

※ 메시아가 인류의 죄를 위해 고난받을 것을 예언한다. 그의 고난을 통해 인류가 죄의 문제를 해결하고 구원의 길로 갈 것을 예언한다.

이사야 Isaiah 65장 17절

보라, 내가 새 하늘과 새 땅을 창조하나니

이전 것은 기억되거나 마음에 생각나지 아니할 것이다.

Behold, I will create new heavens

and a new earth.

The former things will not be remembered,

nor will they come to mind.

※ 메시야를 통해 새로운 세상이 창조될 것을 예언한다. 사람도 새롭게
변화되는 역사가 일어난다.

예레미야 Jeremiah 31장 31~33절

하나님이 말씀하시길

때가 되면 내가 새 언약을 맺을 것이다.

내가 맺을 언약은 이러하니,

곧 내가 나의 법을 그들의 속에 두며 그들의 마음에 기록하여

I will put my law in their minds

and write to on their hearts.

나는 그들의 하나님이 되고 그들은 내 백성이 될 것이다.

※ 신이 새로운 계약을 맺을 것을 약속한다. 이것은 메시아를 통해 모든 사람들의 마음에 새겨지는 계약이다.

에스겔 Ezekiel 11장 19~20절

그 몸에서 돌 같은 마음을 제거하고, 살처럼 부드러운 마음을 줄 것이다. 그래서 그들이 나의 법을 따르고 나의 규례를 지켜 행하며,

그들은 내 백성이 되고,

나는 그들의 하나님이 될 것이다.

They will my people,

and I will be their God.

※ 에스겔 선지자 역시 새 언약에 대해 예언한다. 메시아를 믿는 사람은 누구든지 신의 새로운 백성이 될 것이다.

때가 되면 내 영을 만민에게 부어 주리니.

자녀들이 장래 일을 말할 것이며, 늙은이는 꿈을 꾸며, 젊은

이는 이상을 볼 것이며,

누구든지 하나님의 이름을 부르는 자는 구원을 얻으리라.

And everyone who calls on the name

of the Lord will be saved.

말라기Malachi 4장5~6절

보라, 하나님의 크고 두려운 날이 이르기 전에

내가 선지자 엘리야를 너희에게 보내리니

See, I will send you the prophet Elijah before

that great and dreadful day of the Lord comes.

그가 아버지의 마음을 자녀에게로 돌이키게 하고, 자녀들의

마음을 그들의 아버지에게로 돌이키게 하리라.

※ 구약성서의 마지막에 말라기서가 있다. 엘리야는 선지자 중에 가장 강력한 선지자였다. 엘리야와 같은 강력한 힘을 가진 메시야가 올 것을 예언한다.

신 약 성 서

New Testament

디모데후서 2 Timothy 3장16절

모든 성경은 하나님의 숨결이므로

교훈과 책망과 바르게 함과 의로 교육하기에 유익하다.

All Scripture is God-breathed

and is useful for teaching, rebuking, correcting

and training in righteousness.

1. 메시아

　성서를 한마디로 정의하면, 구약성서는 '약속'이고 신약성서는 그것의 '성취'라고 할 수 있다. 구약성서는 이 세상에 메시아가 올 것을 약속한다. 신약성서는 이 약속으로 온 메시아가 누구인지 보여 준다.

　이렇게 구약의 예언의 성취로 오는 메시아가 예수다. 예수라는 이름은 원래 히브리어로 '예슈아'인데, '구원'이라는 뜻이다. 신이 인간을 구원하기 위해 보내는 구원자라는 것이다.

　예수를 흔히 그리스도Christ라고 한다. 이 말은 '기름을 붓다'라는 헬라어 동사 '크리오$\chi\rho\iota\omega$'에서 나왔다. 그리스도는 '기름부음 받은 사람'이라는 뜻이다. 구약성서에서 왕이 될 사람이 선지자를 통해 기름부음을 받았다. 예수가 '왕이 될 사람'이라는 뜻이다. 그것도 '만왕의 왕'이 될 사람이라는 것이다.

　그리스도는 메시아Messiah와 같은 말이다. 히브리어로 '메시아'가 신약성서가 쓰인 헬라어로 '그리스도'다. 둘 다 신이 보내는 구원자를 뜻한다.

마가복음Mark 1장 1절

하나님의 아들

예수 그리스도의 복음의 시작은 이러하다.

The beginning of the gospel about

Jesus Christ, the Son of God.

※ 신약성서의 처음에 복음서가 나온다. 복음이란 기쁜 소식(Good News)
이라는 의미다.

아들을 낳을 것이니 이름을 예수라 하라.

그가 자기 백성을 그들의 죄에서 구원하실 것이다.

She will give birth to a son, and you are to give

him the name Jesus,

because he will save his people from their sins.

이 모든 일이 일어난 것은,

하나님께서 예언자를 통해서 말씀하시길,

"보라, 처녀가 잉태하여 아들을 낳을 것이니, 그의 이름을 임

마누엘이라고 할 것이다."라고 하셨으니,

이를 번역하면 '하나님이 우리와 함께 계시다'는 뜻이다.

※ 이 예언은 구약성서 이사야서 7장에 있다. 이것이 예수를 통해 성취됨
을 보여 준다. 예수는 '구원'이라는 뜻이다.

누가복음 Lurk 2장 11~14절

오늘 다윗의 동네에 너희를 위하여
구원자가 나셨으니 곧 그리스도 주님이시다.
지극히 높은 곳에서는 하나님께 영광이요,
땅에서는 하나님이 기뻐하시는 사람들 중에 평화로다.
Glory to God in the highest heaven, and
on earth peace to those on whom his favor rests.

※ 복음서는 마태복음, 마가복음, 누가복음, 요한복음 네 개가 있다. 각자 다른 사람이 다른 관점에서 기록한다.

예수가 태어난 날을 크리스마스Christ-mas라고 한다. 이것은 '그리스도Christ'와 '마스Mas'가 합쳐진 것이다. 마스는 원래 라틴어 '미사Missa'로 경배, 예배라는 뜻이다. 그러므로 크리스마스는 '그리스도 경배', '그리스도 예배'라는 뜻이으로, '그리스도를 경배하는 날'이라는 말이다. 우리나라에서는 이날을 거룩한 분이 태어난 날이라고 해서 '성탄절'이라고 한다.

크리스마스 하면 동방박사들이 떠오른다. 동방박사들은 누구인가? 이들은 멀리 동방(페르시아)에서 별을 연구하던 사람들이다. 점성가나 천문학자들이다.

어느 날 이들이 하늘에 기이한 별이 나타나는 것을 본다. 그것은 세상에 구원자, 메시아가 태어날 징조였다. 이들이 어떻게 메시아를 알고 있었을까? 흩어진 유대인들을 통해 메시아 사상이 전파되었기 때문이다. 그래서 이들이 별의 움직임을 따라 멀리 유대 땅 베들레헴까지 오게 된다. 그리고 거기서 마구간에서 태어난 아기 예수를 만나게 된다.

마태복음 Matthew 2장 1~10절

헤롯 왕 때에 예수께서 유대 베들레헴에서 나셨다. 동방으로부터 박사들이 예루살렘에 이르러 말했다.

"유대인의 왕으로 나신 이가 어디 계십니까? 우리가 동방에서 그의 별을 보고, 그에게 경배하러 왔습니다."

집에 들어가 아기와 그의 어머니 마리아가

함께 있는 것을 보고 엎드려 아기께 경배하였다.

On coming to the house, they saw the child

with his mother Mary, and they bowed down

and worshiped him.

그리고 보물상자를 열어 황금과 유향과 몰약을 예물로 드렸다.

※ 동방박사들이 메시아인 아기 예수에게 경배한다.

2. 새 계약

역사를 기록할 때 서기 전(B.C.)과 서기 후(A.D.)를 사용한다. 서기 전은 무엇인가? 우리말로 '역사 이전'이라는 뜻이지만, 영어로 Before Christ이다. '그리스도 이전'이라는 뜻이다. 서기 후는 Anno Domini인데 라틴어로 anno는 해(年)라는 조사이고, Domini는 Dominus(주님)의 소유격이다. 예수를 '주님'이라고 한다. 즉 A.D.는 '주님의 해(Year of Lord)'라는 뜻이다. 주님이 태어나신 해(年)를 기준으로 역사를 기록하고 있다. 역사가 예수를 중심으로 구분된다. 신이 보낸 세상의 구원자가 예수이기 때문이다.

신약성서는 신이 이러한 예수를 통해 새로운 계약 맺음을 보여 준다. 구약성서가 신과 이스라엘 민족의 옛 계약이라면, 신약성서는 신이 보낸 메시아를 통해 맺어지는 새 계약이다. 더이상 민족적인 구별이 아니라 신이 보낸 메시아를 구원자로 믿고 받아들이는 모든 사람을 신의 백성으로 삼겠다는 계약이다. 예수를 그리스도로 믿는 모든 사람을 신이 자신의 자녀로 받아주겠다는 약속이다.

요한복음 John 1장 1~3절

태초에 말씀이 계셨다. 그 말씀은 하나님과 함께 계셨다.

그 말씀은 하나님이셨다.

모든 것이 그를 통해 창조되었으니,

그가 없이 창조된 것은 하나도 없다.

Through him all things were made;

without him nothing was made that has been made.

※ 요한복음에는 예수의 선존재(Pre-existence)가 나타난다. 그가 세상에 존재하기 전에 하나님과 함께 계셨다. 세상 모든 만물이 그를 통해 창조되었음을 보여 준다.

하나님이 세상을 이처럼 사랑하셔서 하나밖에 없는 아들을 주셨으니, 이는 그를 믿는 사람마다 멸망하지 않고 영원한 생명을 얻게 하기 위해서이다.

For God so loved the world that he gave his one and only Son, that whoever believes in him shall not perish but have eternal life.

※ 예수는 하나님의 하나밖에 없는 아들이다. 이분이 땅으로 내려온다. 이것을 '성육신成肉身'이라고 하는데, 거룩한 분이 육신을 가진 사람이 되었다는 뜻이다.

빌립보서Philippians 2장 6~8절

그는 하나님의 모습을 지니셨으나 하나님과 동등함으로 여

기지 않으시고 오히려 자기를 비우고 낮추셔서

사람들과 같이 되셨고

사람의 모양으로 나타나셨습니다.

Being made in human likeness,

he appeared in appearance as a man.

※ 빌립보서는 사도 바울이 빌립보 교회에 보내는 편지다. 여기에도 예수
의 성육신이 나타난다.

신약성서는 처음에 네 개의 복음서가 나온다. 복음이란 '기쁨의 소식Good News'이라는 뜻이다. 마태복음, 마가복음, 누가복음을 '공관 복음Synoptic Gospel'이라고 한다. 비슷한 관점과 배열로 되어 있기 때문이다. 복음서가 여러 개 있는 이유는 각자 기록 목적이 다르기 때문이다.

마태복음은 히브리 공동체에서 신앙 교육을 위해 기록되었고, 마가복음은 예수가 행한 기적과 수난의 의미를 설명하기 위해 기록되었고, 누가복음은 로마 제국에 복음을 전할 목적으로 기록되었다. 요한복음은 공관 복음과 전혀 다른 각도에서 영적인 깨달음을 목적으로 기록되었다. 마태Matthew와 요한John은 예수님의 제자였고, 마가Mark와 누가Luck는 사도 바울의 제자라고 할 수 있다. 책에 기록자의 이름을 붙였다.

복음서는 예수의 생애를 중심으로 하고 있다. 그가 왜 하나님이 보낸 메시아이고 하나님의 아들이 되는지를 보여 준다. 예수는 서른세 살의 짧은 삶을 살았다. 그중에 공식적으로 드러나는 삶은 3년이다. 이것을 '공생애'라고 한다. 복음서에 기록된 세상에서 가장 위대한 성자의 삶으로 들어가 보자.

마가복음 Mark 1장14절

때가 찼고 하나님의 나라가 가까이 왔으니

회개하고 복음을 믿으라.

The time has come, the kingdom of God is near.

Repent and believe the good news.

※ 이것은 예수가 공적인 삶을 시작하면서 처음 한 말이다. 시간은 두 가지가 있다. 일반적인 시간은 크로노스이고, 특별한 사건이 일어나는 결정적인 시간은 카이로스이다. 여기서 '때가 찼다'고 했을 때 사용된 시간은 카이로스다. 일반적인 시간이 흘러 결정적인 사건이 일어나는 때라는 것이다.

마태복음 Matthew 4장 4절

사람이 떡으로만 살 것이 아니라,

하나님의 입으로부터 나오는 모든 말씀으로 살아야 한다.

Man does not live on bread alone,

but on every word that comes from mouth of God.

※ 사람은 육신body과 영혼spirit을 가진 존재다. 육신에 양식이 필요하듯 영혼에도 양식이 필요하다.

마태복음 Matthew 5장 3~10절

심령이 가난한 자는 복이 있나니, 애통하는 자는 복이 있나니, 온유한 자는 복이 있나니, 의에 주리고 목마른 자는 복이 있나니, 긍휼히 여기는 자는 복이 있나니, 마음이 청결한 자는 복이 있나니,

화평케 하는 자는 복이 있나니

그들이 하나님의 아들이라 일컬음을 받을 것이다.

Blessed are the peacemakers,

for they will called sons of God.

의를 위하여 박해를 받는 자는 복이 있나니…

※ 예수는 산 위에서 제자들에게 말씀을 가르친다. 이것이 산상수훈 (Sermon on the Mount)이다. 위의 말씀은 산상수훈의 첫 번째로, 여덟가지 복 있는 사람에 대해 말한다.

마태복음 Matthew 5장 39~42절

'눈은 눈으로, 이는 이로 갚으라.'라는 말을 너희가 들었다.

그러나 나는 너희에게 말하노니

누가 네 오른쪽 뺨을 치거든 왼쪽 뺨도 내어 주며

너를 고발해 속옷을 빼앗고자 하면 겉옷까지 주고

억지로 5리를 가자고 하면 10리를 동행하라.

If anyone forces you to go one mile,

go with them two miles.

※ 공자님 말씀은 배우고 익히는 것이다. 공자는 자기처럼 살라고 하지 않는다. 그러나 예수는 자신의 말씀을 배우라고 하지 않는다. 예수는 자기처럼 살라고 하였다. 그리고 예수는 자신이 말한 대로 살았다.

구하라, 그리하면 너희에게 주실 것이요

찾으라, 그리하면 찾아낼 것이요

문을 두드리라, 그리하면 너희에게 열릴 것이다.

Ask and it will be given to you;

seek and you will find;

knock and the door will be opened to you.

※ 이것은 기도에 관한 말씀이다.

마태복음Matthew 7장 12절

그러므로 너희는 무엇이든지

남에게 대접을 받고자 하는 대로 너희도 남을 대접하라.

이것이 율법과 예언서의 본뜻이다.

So in everything,

do to others what you would have them do to you,

for this sums up the Law and the Prophets.

※ 이것이 모든 사람이 지켜야 할 원칙인 황금률Golden Rule이다.

마태복음 Matthew 7장 13~14절

좁은 문으로 들어가라.

멸망으로 인도하는 문은 크고 그 길이 넓어

그리로 들어가는 자가 많고,

생명으로 인도하는 문은

좁고 길이 협착하여 찾는 자가 적다.

But small is the gate and narrow the road

that leads to life, and only a few find it.

※ 산상수훈의 말씀은 여기서 끝난다. 사람에게 멸망으로 가는 넓은 문과
생명으로 가는 좁은 문이 있다.

마태복음 Matthew 11장 28절

수고하고 무거운 짐 진 사람들아,

다 내게로 오라.

내가 너희를 쉬게 하리라.

Come to me,

all you who are weary and burdened,

and I will give you rest.

※ 사람은 살면서 짐이 생긴다. 여기서 수고한 짐은 내가 만든 것이고, 무거운 짐은 남이 내게 강제로 지운 것이다.

선한 사람은 그 쌓은 선에서 선한 것을 내고

악한 사람은 그 쌓은 악에서 악한 것을 낸다.

A good man brings good thing out of the good

stored up in him,

and an evil man brings evil things out of the

evil stored up in him.

※ 사람은 마음속에 쌓아 놓은 것이 밖으로 나온다.

마태복음 Matthew 12장 50절

누구든지 하늘에 계신 내 아버지의 뜻대로 하는 자가
내 형제요, 자매요, 어머니이다.
For whoever does the will of my Father in
heaven is my brother and sister and mother.

※ 형제들과 어머니가 찾아왔다고 하였을 때 예수가 제자들에게 한 말이
다. 하나님 뜻대로 사는 사람 모두가 하나님의 자녀라는 것이다.

마태복음 Matthew 13장 31~32절

천국은 마치 사람이 자기 밭에 갖다 심은

겨자씨 한 알 같으니

이것은 모든 씨보다 작지만

자란 후에는 풀보다 커서 나무가 되어

Though it is the smallest of all seeds,

yet when it grows, it is the largest of garden

plants and becomes a tree.

공중의 새들이 와서 그 가지에 깃들인다.

※ 예수의 중요 사역은 천국을 전파하는 것이었다. 겨자씨는 깨알보다 작지만, 이것이 자라나면 사람의 키보다 크게 자란다. 천국도 이와 같다.

마태복음 Matthew 13장 44절

천국은 마치 밭에 감추인 보화와 같으니

사람이 이를 발견한 후 숨겨 두고 기뻐하며 돌아가서

자기의 소유를 다 팔아 그 밭을 산다.

The kingdom of heaven is like treasure hidden
in a field.

When a man found it, he hid it again, and then
in his joy went and sold all

he had and bought that field.

※ 옛날에 밭에서 보물상자가 발견되면 밭주인의 것이었다. 천국의 소중
함을 비유로 설명하고 있다.

예수가 예루살렘으로 올라가 권세자들에게 많은 고난을 받고 죽임을 당하며 사흘째 되는 날에 살아날 것을 제자들에게 밝혔다. 그러자 베드로가 예수에게 절대로 그런 일이 있어서는 안 된다며 강하게 항의하였다. 그러자 예수께서 베드로에게 말씀하셨다.

"사탄아, 내 뒤로 물러가라. 너는 나에게 걸림돌이다. 너는 하나님의 일을 생각하지 않고, 사람의 일만 생각하는구나."

Get behind me, Satan!

You are a stumbling block to me;

you do not have in mind the concerns of God,

but merely human concerns.

※ 헬라어로 걸림돌이 스칸달론($\sigma\kappa\acute{\alpha}\nu\delta\alpha\lambda o\nu$)이다. 여기서 '스캔들'이 나왔다. 예수가 어떤 사람에게는 이해할 수 없는 걸림돌이 되지만, 어떤 사람에게는 삶을 일으키는 디딤돌이 된다.

밖에서 사람에게로 들어가는 것이
사람을 더럽게 하는 것이 아니라
사람 안에서 나오는 것이 사람을 더럽게 한다.
Nothing outside a person can defile them by
going into them,
Rather, it is what comes out of a person that
defiles them.

누구든지 자기 목숨을 구하려고 하면 잃을 것이요,

그러나 누구든지 나와 복음 때문에 자기 목숨을 잃는 사람은

목숨을 구할 것이다.

For whoever wants to save their life will lose it,

but whoever loses their life for me and for the

gospel will save it.

마가복음 Mark 9장 23절

할 수 있거든이 무슨 말이냐,

믿는 자에게는 능히 하지 못할 일이 없다.

Everything is possible for one who believes.

마가복음 Mark 10장 7~9절

사람이 그 부모를 떠나 둘이 한 몸이 될지니,

부부는 이제 둘이 아니요, 한 몸이다.

그러므로 하나님이 짝지어 주신 것을

사람이 나누지 못할지니라.

Therefore what God has joined together,

let no one separate.

※ 이혼에 대한 말씀이다. 하나님이 짝지어 주신 것을 사람이 나눌 수 없다.

마가복음Mark 10장 23~24절

부자가 하나님 나라에 들어가기가 얼마나 어려운지

낙타가 바늘귀로 지나가는 것이

부자가 하나님의 나라에 들어가는 것보다 쉬우니라.

It is easier for a camel to go through

the eye of a needle than for someone who is

rich to enter the kingdom of God.

※ 재물에 대한 욕심이 너무 과하면 천국에 들어갈 수 없다. 성서에서 천국은 하늘나라, 하나님 나라, 파라다이스로 표현되기도 한다.

마가복음 Mark 10장 44~45절

너희 중에 누구든지 으뜸이 되고자 하는 자는 모든 사람의 종이 되어야 하리라.

인자가 온 것은 섬김을 받으려 함이 아니라 도리어 섬기려 하고, 자기 목숨을 많은 사람을 구원하기 위한 몸값으로 주기 위함이다.

For even the Son of Man did not come to be served, but to serve, and to give his life as a ransom for many.

※ 인자(Son of Man)는 예수가 자신을 지칭하는 대표적인 호칭 중 하나다. 예수는 모든 사람을 섬기는 삶을 살았다.

어떤 사람이 여리고로 내려가다가 강도를 만났다. 가진 것을 빼앗기고 매를 맞아 거의 죽게 된 채 버려졌다. 마침 제사장이 그 길을 지나갔으나 못 본 채 했다. 레위 사람도 그냥 지나갔다.

어떤 사마리아인이 그를 보고 달려가 상처를 싸매어 주고 여관으로 데려가 돌보아주었다.

But a Samaritan saw him, he ran, wrapped the wound, and took him to the inn to take care of him.

다음 날 길을 떠나며 여관 주인에게 그 사람을 돌보아줄 것을 부탁하고, 비용이 더 들면 돌아오는 길에 자신이 갚겠다고 하였다.

※ 선한 사마리아인의 비유다. 강도 만난 이를 도와준 사람은 제사장이나 레위인이 아니라 사마리아인이었다. 앗시리아의 혼혈 정책으로 사마리아인이 생겨난다. 유대인들은 이들을 무시하고 멸시했다. 예수는 비유로 누가 하나님 뜻대로 사는 사람인지 묻는다. 여기서 오늘날 선한 사마리아인법이 나왔다.

이에 탕자가 일어나서 아버지께로 돌아가니라.

아직도 거리가 먼데 아버지가 그를 보고 측은히 여겨 달려가 목을 안고 입을 맞추며 맞아 주었다.

But while he was still a long way off, his father saw him and was filled with compassions for him; he ran to his son, threw his arms around him and kissed him.

그리고 종들에게 지시하셨다.

"그에게 제일 좋은 옷을 입히고 손에 반지를 끼우고 발에 신을 신기라. 그리고 잔치를 준비하라. 이는 내가 잃었다가 다시 찾은 아들이요, 죽었다가 다시 살아났느니라."

※ 아들이 아버지에게 재산을 달라고 해서 타국으로 가서 허랑방탕하게 다 날린다. 돼지가 먹는 쥐엄 열매로 배를 채우다가 회개하고 아버지에게로 돌아온다. 그런 아들을 아버지가 보고 따뜻하게 맞아 주신다. 손에 반지를 끼우고 발에 신을 신기는 것은 신분의 회복을 나타낸다. 이것은 하나님이 누구든지 회개하고 돌아오는 자를 받아주심을 보여 주는 비유이다. 이 비유는 렘브란트의 〈탕자의 귀환〉이라는 그림으로 유명하다.

누가복음 Lurk 16장 19~22절

한 부자가 있어 자색 옷과 고운 베옷을 입고 날마다 호화롭게 즐겼다. 그런데 나사로라는 거지가 그 부자의 상에서 떨어지는 것을 주워 먹으며 살았는데, 심지어 개들이 와서 그 상처를 핥았다.

때가 되자,

그 거지가 죽어 천사들에게 들려 천국에 들어가고

부자도 죽어 장사되매 음부에서 고통 중에 있었다.

The time came when the begger died and the angels carried him to the Kingdom of heaven.

The rich man also died and was buried. In Hades, where he was in torment.

※ 나사로는 세상에서 거지로 살았으나 천국에 있다. 그러나 이기적인 부자는 죽어서 지옥에 있다. 헬라어로 지옥이 '하데스'인데, 그리스 · 로마 신화에서 죽음과 지하세계를 관장하는 신의 이름이 '하데스'이다.

나는 생명의 떡이니,

내게 오는 자는 결코 주리지 아니할 것이요,

나를 믿는 자는 영원히 목마르지 아니할 것이다.

I am the bread of life.

Whoever comes to me will never go hungry,

and whoever believes in me will never be thirsty.

※ 사람에게는 두 가지 양식이 필요하다. 육신을 위한 양식과 영혼을 위한 양식이다. 육신을 위한 양식은 땅으로부터 나온다. 영혼을 위한 양식은 하늘로부터 내려온다. 예수가 하늘에서 내려온 생명의 양식이라고 하셨다.

진리를 알지니

진리가 너희를 자유하게 하리라.

Then you will know the truth,

and the truth will set you free.

※ 진리는 옳고 그름을 결정하는 기준이다. 내가 옳다고 옳은 것이 아니다. 내가 바르게 살았다고 바른 것이 아니다. 진리에 맞아야 한다. 메시아가 진리다.

새 계명을 너희에게 주나니, 서로 사랑하라.

내가 너희를 사랑한 것 같이 너희도 서로 사랑하라.

A new command I give you: Love one another.

As I have loved you, so you must love one another.

너희가 서로 사랑하면 이로써

모든 사람이 너희가 내 제자인 줄 알리라.

※ 지금부터 2천 년 전에 예수가 세상에 전한 것이다. 우리나라의 삼국시
대다. 전쟁으로 죽고 죽이던 세상에서 이러한 계명은 과히 혁신적이다.

요한복음 John 14장 1~6절

너희는 마음에 근심하지 말라. 하나님을 믿고 또 나를 믿어라. 내 아버지의 집에는 있을 곳이 많다. 나는 너희가 있을 곳을 마련하러 간다. 내가 가서 너희가 있을 곳을 예비하면 다시 와서 나 있는 곳에 너희도 있게 할 것이다.

오직 나만이 그 길이요, 진리요, 생명이니,

나로 말미암지 않고는 아버지께로 올 자가 없다.

I am the way and the truth and the life.

No one comes to the Father except through me.

※예수는 하나님을 아버지라고 표현한다. 자신이 길, 진리, 생명이라고 하였다. 이것은 세 번씩이나 강조된 드문 표현이다.

요한복음 John 15장 1~5절

나는 포도나무요, 너희는 가지다.

너희가 내 안에 머물러 있고 내가 너희 안에 머물러 있으면

사람이 열매를 많이 맺는다.

그러나 나를 떠나서는 너희가 아무것도 할 수 없다.

If you remain in me and I in you,

you will bear much fruit;

apart from me you can do nothing.

마태복음 Matthew 22장 37~40절

'네 마음을 다하고 목숨을 다하고

뜻을 다하여 주 너의 하나님을 사랑하라' 하셨으니

이것이 크고 첫째 되는 계명이요,

Love the Lord your God with all your heart

and with all your soul and with all your mind.

This is the first and greatest commandment.

둘째도 그와 같으니 '네 이웃을 네 자신과 같이 사랑하라' 하

셨으니, 이 두 계명이 온 율법과 선지자의 명령이다.

※ 예수에게 가장 중요한 계명이 무엇이냐고 묻자, 신명기 6장 4절과 레
위기 19장 18절을 인용해 답한다. 거기에 '목숨을 다하여'를 추가하였다.

마태복음Matthew 26장 3~5절

그때에 대제사장들과 백성의 장로들이 가야바라고 하는 대제사장의 관청에 모여 예수를 잡아 죽이려고 계략을 세웠다.

Then the chief priests and the elders of the people assembled in the palace of the high priest, whose name was Caiaphas, and they schemed to arrest Jesus secretly and kill him.

그들이 말하기를 "민란이 날까 염려되니 명절을 피해 실행하자." 하더라.

※ 예수를 따르는 사람들이 많아지자 권세자들은 그를 잡아 로마 총독 빌라도에게 넘겨준다. 총독은 권세자들의 편을 들어 죄 없는 예수를 십자가에 못박아 처형한다. 보잘것없는 유대 식민지의 젊은이 하나를 제거하는 쉬운 방법이었다. 그러나 이것은 엄청난 파장을 몰고 온다.

3. 죽음과 부활

유대인들에게 있어서 예수는 신성모독이었다. 왜냐하면 자신을 하나님의 아들이라고 하였기 때문이다. 그렇다면 자신도 신이라는 의미가 된다.

신은 오직 이스라엘의 신 하나만 존재해야 한다. 십계명에서도 첫 번째가 '나 이외에 다른 신을 섬기지 말라'이고, 세 번째가 '하나님의 이름을 망령되게 일컫지 말라'이다. 이 계명에 정면으로 위배되기 때문이다.

예수는 이러한 유대인들과 심각한 갈등을 겪게 된다. 권세자들은 예수의 인기가 올라가자 백성들의 지지를 잃을 것이 두려워 그를 제거한다. 예수의 제자 중 하나였던 가룟 유다의 배신으로 손쉽게 그를 잡아들일 수 있었다.

권세자들은 로마 총독과 결탁해 예수를 십자가에서 처형한다. 십자가 처형은 몸에 물과 피가 다 쏟아져 죽는 고통스러운 죽음이었다. 그렇게 예수는 십자가 위에 못박혀 서른세 살의 짧은 삶을 마감한다.

마태복음 Matthew 26장 21~24절

내가 진정으로 너희에게 말한다.

너희 가운데 한 사람이 나를 넘겨줄 것이다. 인자는 자기에
관하여 성경에 기록되어 있는 대로 떠나가지만,

인자를 넘겨주는 그 사람에게는 화가 있을 것이며.

그 사람은 차라리 태어나지 않았더라면 좋았을 것이다.

But woe to that man who betrays the Son of Man!

It would be better for him if he had not been born.

※ 돈의 유혹에 넘어간 유다가 예수를 권세자들에게 넘겨준다. 유다는 받
은 돈으로 자신이 원하는 땅을 사지만, 양심의 가책을 느껴 자살하며 비
참하게 삶을 마감한다.

마가복음Mark 14장 32~36절

예수가 겟세마네라고 하는 곳에서 간절히 기도하시니, 땀방울이 핏방울이 되었다.

"아버지여, 아버지께서는 모든 것이 가능하오니, 이이 잔을 내게서 옮기시옵소서. 그러나 나의 뜻대로 마시고 아버지의 뜻대로 하옵소서."

"Abba, Father, everything is possible for you. Take this cup from me. Yet not what I will, but what you will."

※ 예수는 겟세마네라는 작은 동산에서 기도한다. 이곳은 포도주를 짜던 곳이다. 겟세마네는 '압착'이라는 뜻이 있다. 포도주를 짜듯 간절히 기도하였음을 보여 준다. 예수도 십자가의 죽음을 피하고 싶은 마음이 간절하였다. 그러나 자신의 뜻보다 하나님의 뜻을 먼저 구하며 순종한다. 예수는 하나님을 자신의 아버지라고 하였다. 압바abba는 아람어로 아버지라는 뜻이다. 아람어는 페르시아 제국에서 사용되던 언어로 성서에도 들어가 있다.

로마 군병들이 그의 옷을 벗기고 왕이 입는 자주색 겉옷을 입히며 가시관을 엮어 그 머리에 씌웠다.

They stripped him and put a scarlet robe on him, and then twisted together a crown of thorns and set it on his head.

갈대를 그 오른손에 들리고 그 앞에서 무릎을 꿇고 조롱하며, "유대인의 왕이여 평안할지어다" 하였다. 그에게 침 뱉고 갈대를 빼앗아 그의 머리를 쳤다. 조롱을 다한 후 자주색 겉옷을 벗기고 다시 그의 옷을 입혀 십자가에 못박으려고 끌고 갔다.

※ 로마군병들이 예수를 조롱한다. 감히 유대 식민지 청년이 자신을 왕이라고 했기 때문이다. 대제국 로마의 관점에서 보았을 때 이것은 웃긴 일이었다.

누가복음 Lurk 23장 33~34절

'해골'이라고 하는 곳에 이르러 거기서 예수를 십자가에 못박고 두 강도도 함께 못박았다. 하나는 오른쪽에, 하나는 왼쪽에 있었다. 그때 예수께서 말씀하셨다.

"아버지, 저들의 죄를 용서하여 주십시오.

자기들이 무슨 짓을 하는지 알지 못합니다."

Father, forgive them,

for they do not know what they are doing.

※ 예수는 자신을 십자가에 못박는 사람까지 용서해 달라고 기도한다.

누가복음 Lurk 23장 39~43절

함께 못박힌 강도 중에 하나가 예수를 비방하며 "네가 메시아라면 우리를 한번 구원해 봐라!" 하며 고통 속에서 악을 썼다.

그러나 다른 하나는 "예수여, 당신의 나라가 임하실 때에 나를 기억하소서." 하였다. 예수께서 말씀하셨다.

"참으로 내가 너에게 말하노니

오늘 네가 나와 함께 낙원에 있을 것이다."

Truly I tell you,

today you will be with me in paradise.

※ 십자가 위에서도 구원받는 사람이 있다. 여기서 천국을 '파라다이스'라고 하였다.

예수가 십자가에 못박히고 정오쯤 되었다. 갑자기 해가 빛을 잃고 온 땅이 어두워지기 시작했다. 어둠이 오후 3시까지 이어졌다. 그리고 성전의 휘장이 반으로 찢어졌다.

예수께서 큰 소리로 부르짖어 말씀하셨다.

"아버지, 내 영혼을 아버지 손에 맡깁니다."

Jesus called out with a loud voice,

"Father, into your hands I commit my spirit."

이 말씀을 하시고 예수는 숨을 거두었다.

※ 예수는 이렇게 십자가 위에서 서른세 살의 짧은 삶을 마감하지만, 세상에 가장 큰 영향을 주는 사람이 되었다. 세상은 얼마나 살았느냐가 아니라 어떻게 살았느냐가 중요하다. 십자가의 죽음은 비참한 것이었다. 성서에도 '나무에 달린 자는 저주 받은 자'라고 하였다. 그러나 사람이 볼 때 저주 받은 것이 오히려 세상을 뒤엎는 역사를 가져온다.

요한복음 John 19장 38~42절

아리마대 사람 요셉은 예수의 제자이나 유대인들이 두려워 그것을 숨기더니, 2일 후에 빌라도에게 예수의 시체를 가져가기를 구하니 빌라도가 허락하였다. 니고데모가 몰약과 침향을 가져다가 유대인의 장례법대로 시신에 향품을 바르고 세마포로 쌌다.

예수께서 십자가에 못박히신 곳에 동산이 있었고,
동산에 아직 사람을 장사한 일이 없는 새 무덤이 있어
거기에 예수를 매장하였다.
At the place where Jesus was crucified, t
here was a new tomb in the garden,
they laid Jesus there.

※ 요셉과 니고데모가 예수의 시신을 가져다가 장례를 치른다. 열두 제자 이외에 예수의 숨은 제자들(hidden disciple)이 있었다.

장례를 치르고 사흘 뒤에 그의 무덤은 비어 있었고, 그가 다시 살아났다는 소문이 돈다. 이것을 '부활'이라고 한다. 부활은 죽은 자가 다시 살아나는 것이다.

예수는 살아 있을 때 부활에 대해 여러 번 이야기하며, 자신이 죽었다가 사흘 만에 다시 살아날 것이라고 하였다. 하지만 예수를 따르던 제자들도 부활을 믿지 않았다.

그러나 다시 살아난 예수를 만난 사람들이 점점 늘어났다. 무덤을 찾아갔던 여인들이 부활한 예수를 만나고, 수제자였던 베드로가 만나고, 의심하던 제자 도마에게도 나타난다. 마가의 다락방에 모여 있던 120명에게 나타나고, 후에 500명이 넘는 사람들이 부활한 예수를 만난다. 그러면서 정말로 사람이 다시 살아날 수 있다는 것을 믿게 된다.

이것을 믿는 사람들을 '그리스도인Christian'이라고 한다. 부활한 예수가 그리스도임을 믿는 사람이라는 뜻이다. 그리스도를 한자로 옮긴 것이 기독교다. 기독교의 핵심은 부활이다.

마태복음 Matthew 28장 1~6절

안식일이 지나고 첫날에 여인들이 무덤을 보려고 갔는데, 큰 지진이 나며 주위 천사가 하늘로부터 내려와 돌을 굴려 내고 그 위에 앉아 있었다. 천사가 여자들에게 말했다.

"너희는 무서워하지 말라. 십자가에 못박히신 예수를 너희가 찾는 줄을 내가 알고 있다.

그가 여기 계시지 않고 그가 말씀하시던 대로 살아나셨느니라. 와서 그가 누우셨던 곳을 보라."

He is not here; he has risen, just as he said.
Come and see the place where he lay.

※ 예수의 무덤은 비어 있었고, 그 시신도 보이지 않았다. 천사가 예수의 부활 소식을 여인들에게 전한다.

마가복음 Mark 16장 1~6절

안식일이 지나매 막달라 마리아와 야고보의 어머니 마리아와
또 살로메가 가서 예수께 바르기 위하여 향품을 사다 두었다가
안식 후 첫날 매우 일찍이 해 돋을 때에 그 무덤으로 갔다.

눈을 들어본즉 벌써 돌이 굴려져 있는데 그 돌이 심히 컸다.
무덤에 들어가서 흰 옷을 입은 청년이 오른쪽에 앉은 것을 보
고 놀라매 청년이 말했다.

"놀라지 말라. 너희가 십자가에 못박히신 나사렛 예수를 찾
느냐?

그가 살아나셨고, 여기 계시지 않는다."

He has risen! He is not here.

요한복음 John 20장 26~27절

여드레를 지나서 제자들이 다시 집에 있을 때에 도마도 함께 있고 문들이 닫혔는데, 예수께서 오셔서 가운데 서서 말씀하셨다. "너희에게 평강이 있을지어다."

도마에게 말씀하셨다.

"네 손가락을 내어 내 손을 보고 네 손을 내밀어 내 옆구리의 상처를 만져보라.

그리하여 믿음 없는 자가 되지 말고 믿는 자가 되라!"

Stop doubting and believe!

※ 부활을 믿지 못하던 도마에게도 나타난다. 그리고 부활을 믿는 자가 되라고 하신다. 안중근 의사의 호(원래는 세례명임) 도마는 예수의 제자 이름이다.

오늘날 우리가 사용하는 달력은 일요일부터 시작한다. 원칙대로라면 월요일부터 나와야 한다. 한 주를 시작하기도 전에 쉬는 것은 이치에 맞지 않는다. 그러나 모든 달력이 일요일부터 시작된다. 그 이유가 무엇일까?

원래 일요일은 쉬는 날이 아니다. 정확하게 이 날은 예수가 부활한 날이다. 그래서 기독교에서는 이 날을 주일(Lord's Day)이라고 한다. 주님이 부활하신 날이 첫날이고, 그 다음에 다른 요일들이 오는 것이다.

오늘날 달력은 기독교에서 부활절을 정확하게 지키기 위해서 만들어졌다. 원래 서양에서는 B.C.46년에 제정된 율리우스력을 사용했다. 1년이 365.25일인 이 달력은 실제 지구의 회귀년인 365.2421과 조금씩 오차가 생겨서 1582년에는 이러한 오차가 누적되어 10일이나 되었다. 그래서 정확한 부활절을 지킬 수가 없었다. 그러자 그레고리 교황은 부활절을 정확하게 지킬 수 있도록 새로운 달력을 만들도록 지시했다.

이렇게 만들어진 달력이 오늘날까지 사용되고 있는 그레고리력이다. 그래서 주일이 첫 번째에 위치한다.

사도행전 Acts 9장 1~5절

사울이 예수를 따르는 사람들에 대해 위협과 살기가 등등하여 대제사장에게 다메섹 여러 회당에 가져갈 공문을 청하였다. 가서 예수를 따르는 자들을 잡아오기 위해서였다.

그가 다메섹에 가까이 이르렀을 때 갑자기 하늘로부터 강한 빛이 그를 둘러 비추었다. 그가 땅에 엎드렸을 때 소리가 들렸다. "사울아 사울아, 네가 어찌하여 나를 박해하느냐?"

사울이 놀라 대답했다. "당신은 누구십니까?"

그러자 다시 음성이 들렸다.

"나는 네가 박해하는 예수다!"

I am Jesus, whom you are persecuting.

※ 여기에 사울은 나중에 사도 바울이 되는 인물이다. 그도 부활한 예수를 만나며 인생이 완전히 바뀐다.

성경대로 그리스도께서 사흘 만에 다시 살아나사 베드로에게 보이시고, 후에 열두 제자와 그 후에 500여 형제에게 일시에 보이셨나니, 맨 나중에 만삭되지 못하여 난 자 같은 내게도 보이셨다.

만일 그리스도 안에서 우리가 바라는 것이 다만 이 세상의 삶뿐이면, 모든 사람 가운데 우리가 더욱 불쌍한 자들일 것이다.

If only for this life we have hope in Christ, we are of all people most to be pitied.

※ 고린도서는 사도 바울이 쓴 것으로 고린도교회에 보내는 편지다. 고린도전서 15장은 '부활의 장(The chapter of resurrection)'이라고 불린다.

그리스도께서 죽은 자 가운데서 다시 살아나사

잠자는 자들의 첫 열매가 되셨도다.

Christ has indeed been raised from the dead,

the first-fruits of those who have fallen asleep.

각각 자기 차례대로 되리니 먼저는 첫 열매인 그리스도이고,

다음에는 그가 강림하실 때에 그리스도에게 속한 자들에게 부

활이 있을 것이다.

4. 초기 교회

　부활을 믿게 된 제자들이 예수가 신이 보낸 메시아라는 복음(기쁨의 소식)을 전파한다. 복음서 뒤에 나오는 사도행전Acts은 이러한 제자들의 행적을 담은 책이며, 복음이 로마 제국에 어떻게 전파되었는가를 보여 준다. 이들 중 가장 유명한 사람이 사울이다. 히브리 이름인 사울은 헬라어로는 '바울'로 소리가 난다. 사도 바울이라고 하는데, 사도란 예수를 직접 본 사람을 말한다. 원래 바울은 철저한 유대교 사상을 가지고 있던 사람이었다. 신은 이스라엘의 하나님 한 분밖에 없다는 것이다.

　그러나 그가 다메섹(시리아의 수도)으로 가다가 도중에 자신의 눈으로 직접 부활한 예수를 보게 된다. 그 일을 통해 바울은 부활을 믿게 된다. 그래서 유대교 사상을 버리고 예수의 십자가와 부활을 전하는 사도가 된다. 그는 2천년 기독교 역사상 가장 위대한 복음전도자다. 신약성서 27권 중에 무려 13권이 그에 의해 기록된다. 고린도 전·후서가 그에 의해 기록되고, 성서에서 가장 심오한 로마서도 바울에 의해 기록된다.

사도행전 Acts 16장 6~10절

성령이 아시아에서 말씀을 전하지 못하게 하셨다. 그들이 트로이에 있을 때 밤에 환상이 바울에게 보였다.

마게도냐 사람 하나가 서서 그에게 말했다.

"마게도냐로 건너와서 우리를 도우라."

Come over to Macedonia and help us.

바울이 그 환상을 보았을 때 하나님이 저 사람들에게 복음을 전하라 부르신 줄로 확신하고 곧 마게도냐로 떠나기를 힘썼다.

※ 사도 바울은 원래 아시아로 가려고 했다. 그러나 이 환상으로 마게도냐로 가게 된다.

역사를 보면, 한 사람의 영향력이 얼마나 위대한지 보여 주는 사람이 바울이다. 그에 의해 세계 역사가 바뀌었다고 해도 과언이 아니기 때문이다.

바울은 원래 복음을 아시아 지역으로 전파하려고 했다. 그러나 드로아에 있을 때 꿈에 마케도냐 사람들이 나타나 '건너와 우리를 도우라'는 꿈을 꾼다. 드로아는 전설 속에 나오는 트로이Troy다. 그래서 사도 바울은 이것을 신의 계시로 여기고, 원래 가려던 아시아에서 사모드라게 해협을 건너 마케도니아로 간다. 마케도니아는 오늘날 유럽으로 가는 관문이었다.

바울이 발걸음을 이곳으로 옮기면서 복음이 유럽으로 들어가게 되었다. 유럽에 복음이 전해지면서 서양은 눈부신 발전을 하게 된다. 성서가 전파되면서 교육이 발전하고, 성서의 뛰어난 사상들이 자리잡으면서 서양 문명이 동양을 앞지르게 된다. 한 사람의 발자국이 인류의 역사를 바꾸어 놓은 셈이다.

고린도전서 1 Corinthians 3장 16~17절

우리 몸은 하나님의 거룩한 성전이다.

누구든지 하나님의 성전을 더럽히면

하나님이 그 사람을 멸하실 것이다.

If anyone destroys God's temple,

God will destroy that person;

하나님의 성전은 거룩하니 너희도 그러하라!

※ 성서에는 사도 바울이 쓴 주옥 같은 글들이 들어 있다. 그중에 고린도
서는 백미白眉라고 할 수 있다. 사람의 몸은 신을 모신 거룩한 성전이다.
그러므로 더러운 것으로 채우지 말라고 충고한다.

주님께서 어둠 속에 감추어진 것들을 환히 나타내시며
마음속의 생각을 드러내실 것이다.
He will bring to light what is hidden in darkness
and will expose the motives of the heart.

모든 것이 내게 가능하나 다 유익한 것이 아니요,

모든 것이 내게 가능하나

내가 어떤 것에도 얽매이지 않을 것이다.

I have the right to do anything,

but not everything is beneficial.

I have the right to do anything,

but I will not be mastered by anything.

고린도전서 1 Corinthians 13장 4~5절

사랑은 오래 참고 온유하며, 사랑은 시기하지 아니하며,

자랑하지 아니하며, 교만하지 아니한다.

Love is patient, love is kind. It does not envy,

it does not boast, it does not proud.

사랑은 무례하지 아니하며, 자기의 이익을 구하지 아니하며,

성내지 아니하며, 악한 것을 생각하지 아니한다.

※고린도전서 13장은 성서에서 '사랑의 장'이라고 불린다.

믿음, 소망, 사랑,

이 세 가지는 항상 있을 것인데

그중에 제일은 사랑이다.

And now these three remain:

faith, hope and love.

But the greatest of these is love.

누구든지 그리스도 안에 있으면 그는 새로운 존재가 된다.

이전 것은 지나갔으니, 보라, 새것이 되었도다.

If anyone is in Christ, the new creation has come:

The old has gone, the new is here.

※ 예수를 통해서 모든 사람이 새로운 삶을 살 수 있다.

우리는 이름 없는 자 같지만 유명한 사람들입니다. 우리는 근심하는 자 같으나 항상 기뻐하는 사람들입니다. 우리는 죽은 자 같으나 살아 있는 사람들입니다.

우리는 가난한 자 같으나 많은 사람을 부유하게 하는 사람들입니다. 우리는 아무것도 없는 자 같으나 모든 것을 가진 사람들입니다.

Poor, yet making many rich;

having nothing, and yet possessing everything.

내가 옥에 갇히기도 하고 매도 수없이 맞았으니, 세 번 태장으로 맞고 한 번 돌로 맞고 여러 번 죽을 뻔하였으니, 세 번 파선하고 일주일동안 깊은 바다에서 지냈으며, 여러 번 여행하면서 강의 위험과 강도의 위험과 동족의 위험과 이방인의 위험과 시내의 위험과 광야의 위험과 바다의 위험과 거짓 형제 중의 위험을 당하고

수고하며 애쓰고 여러 번 자지 못하고

여러 번 춥고 헐벗었다.

I have labored and toiled

and have often gone without sleep;

I have been cold and naked.

※ 복음을 전하며 바울은 많은 고난과 핍박을 당한다. 그러면서도 끝까지 사명Mission을 완수한다.

5. 제국 교회

이 당시 세계를 지배하고 있는 나라는 로마였다. 로마 제국에 기독교가 전파되었을 때 심한 박해를 받는다. 유대교와 잦은 충돌로 말썽이 되어 로마에서 추방되기도 하고, 네로 황제는 자신의 방화를 기독교인들에게 뒤집어씌우기도 하였다. 이때에 예수의 제자인 베드로와 사도 바울도 순교를 당한다.

오늘날 로마에 남아 있는 콜로세움 원형 경기장은 기독교인들을 잡아 핍박하고 짐승에게 먹이로 주던 곳이다.

이러한 박해는 A.D.64년 네로 황제를 시작으로 A.D.313년 콘스탄티누스 황제에 의해 기독교가 공인될 때까지 250년 동안 지속된다. 그중 절정의 시기는 도미티아누스 황제(A.D.81~96) 때이다. 그의 악락함과 잔인함 때문에 사람들은 죽은 네로가 다시 환생하였다고까지 생각했다.

이때에 사도 요한은 체포되어 90이 넘는 나이에 밧모섬으로 유배되어 강제 노역을 한다. 그러나 사도 요한은 끝까지 살아남아 성서의 마지막인 요한계시록을 기록한다. 이로써 신약성서 27권이 모두 기록된다.

로마에서 하나님의 사랑하심을 받고

성도로 부르심을 받은 모든 자에게

하나님 우리 아버지와 주 예수 그리스도로부터 은혜와 평강

이 있기를 원하노라.

Grace and peace to you from God our Father

and from the Lord Jesus Christ.

※로마서는 사도바울이 쓴 편지로 신약성서에서 가장 정교하고 논리적인
문체로 되어 있다.

로마서Romans 1장 16~17절

복음에는 하나님의 의가 나타나서

믿음에서 시작해 믿음에 이르게 한다.

A righteousness that is by faith from first to last.

그러므로 성서에 기록되길

'오직 의인은 믿음으로 말미암아 살리라' 라고 하였다.

※ 로마서 서문으로 어거스틴, 마틴 루터, 요한 웨슬리 외에도 많은 사람
에게 영향을 주었다. '믿음에서 믿음으로'는 예수를 믿음으로 하나님 아
버지를 믿는 믿음에 이르게 된다는 의미다.

사람이 하나님의 진리를 거짓 것으로 바꾸어 피조물을 창조
주보다 더 경배하고 섬긴다.

They exchanged the truth about God for a lie,
and worshiped and served created things rather
than the Creator.

※ 사람들이 물질이나 욕심에 빠지는 이유를 보여 준다. 창조주보다 창조
주가 만든 피조물을 더 숭배하기 때문이다.

하나님을 모르는 사람에게는

자신이 자기에게 율법이 되며 이들의 양심이 증인이 된다.

They are a law for themselves,

their consciences also bearing witness.

그들 안에 있는 생각들이

서로 고발하기도 하고 변호하기도 한다.

※ 하나님을 모르는 사람에게는 양심의 법이 어떻게 살아야 하는지를 알
려 준다는 것이다.

하나님은 죽은 자를 살리시며

없는 것을 있다고 부르시고, 있게 하시는 분이다.

The God who gives life to the dead

and calls into being things that were not.

박해의 시대를 거치면서도 오히려 기독교는 점점 더 전파되어 갔다. 그러면서 새로운 변화의 시기가 온다.

로마 제국 황제 자리를 두고 다투던 콘스탄티누스는 꿈에 군사들의 무기에 글자를 새겨넣으라는 신의 계시를 받는다. 이것은 엑스X와 로ρ인데, 헬라어로 그리스도$X\rho\iota\sigma\tau\circ\varsigma$의 첫 번째와 두 번째 글자이다. 그는 전투에서 크게 승리하였고, 최종적으로 로마 황제가 되었다.

콘스타누스 황제는 A.D.313년 밀라노 칙령을 반포하며 기독교에 대한 박해를 금지하였다. 이후 기독교는 로마 제국의 공식적인 국교가 되면서 제국교회로 발전하게 된다.

또한 그는 넓은 로마 제국을 통치하기 위해 제국을 동로마와 서로마로 분리한다. 야만족인 게르만의 위협에 있는 서로마를 버리고, 동쪽에 있는 비잔티움을 새로운 수도로 정하고는 자신의 이름을 따서 '콘스탄티노플'이라고 하였다. 오늘날 튀르키예의 '이스탄불'이다.

얼마 뒤 서로마는 게르만족의 침략에 의해 멸망하게 된다. 그러나 동로마 제국은 1천 년이 넘도록 유지되었다.

우리가 고난 중에도 즐거워하나니

왜냐하면 고난은 인내력을 만들어 가고,

인내력은 단련된 인격을 만들어 가고,

단련된 인격은 희망을 만들어 가기 때문이다.

We also glory in our sufferings,

because we know that

suffering produces perseverance;

perseverance, character; and character, hope.

내가 원하는 선은 행하지 못하고

도리어 원하지 않는 악을 행하는도다.

만일 내가 원하지 않는 그것을 하면

이것을 행하는 자는 내가 아니요,

내 속에 거하는 죄가 그렇게 하는 것이다.

Now if I do what I do not want to do,

it is no longer I who do it,

but it is sin living in me that does it.

로마서Romans 8장 5~6절

육신을 따르는 자들은 육신의 일을 생각하나,

영을 따르는 자들은 영의 일을 생각한다.

육신의 일을 추구하면 죽음에 이르고,

영의 일을 추구하면 생명과 평안에 이른다.

The mind governed by the flesh is death, but

the mind governed by the Spirit is life and peace.

※ 사람은 육체와 영을 가진 존재다. 영이 떠나면 죽는다. 영이 헬라어로
'푸뉴마'다. 원래 '푸뉴마'는 하나님의 숨, 호흡을 말한다.

로마서Romans 8장 28절

하나님을 사랑하는 자

곧 그의 뜻대로 부르심을 받은 자들에게는

모든 것이 합력하여 선을 이루어 간다.

In all things God works for the good of those

who love him, who have been called according

to his purpose.

로마서Romans 11장 36절

만물이 주에게서 나오고

주로 말미암고 주에게로 돌아간다.

For from him and through him

and for him are all things

그에게 영광이 영원히 있을 것이다.

※ 전치사 세 개(from, through, for)로 만물의 이치를 설명한다.

6. 게르만족 이동기

게르만족은 원래 북해 근처에 폭넓게 분포해 살던 민족이다. 사납고 용맹스러운 부족으로, 여러 분파들로 구성되어 있었다. 이들은 인구가 대폭 증가하면서 주변으로 확장해 간다. 그러다가 4세기 후반 훈족의 침략으로 게르만족의 대이동이 시작된다. 로마의 율리우스 카이사르는 갈리아 지역에서 게르만족을 격퇴시킨 명장이었다. 그의 이름에서 황제(카이사르)라는 이름이 유래되었다.

게르만족은 로마가 힘이 강할 때는 산지로 밀려나 있었으나 힘이 약해지자 아래로 밀고 내려왔고, 마침내 로마를 멸망시키게 된다.

로마 본토는 동고트족이 차지하였고, 오늘날 유럽 중앙은 프랑크족과 부르군드족이 차지하였다. 서고트족은 스페인 지역을 차지하였고, 반달족은 멀리 아프리카 해안까지 이동하였다. 사나운 앵글로족과 색슨족이 영국으로 이동하면서 이곳에 살고 있던 켈트족은 스코틀랜드 산간 지역으로 밀려나게 된다.

즐거워하는 자들과 함께 즐거워하고
우는 자들과 함께 울라.
Rejoice with those who rejoice;
mourn with those who mourn.

할 수 있거든 너희는 모든 사람과 더불어 화목하라.

악을 악으로 갚지 말고 선으로 악을 이기라.

Do not repay evil for evil,

Overcome evil with good.

※ 여기서 '이기라'는 헬라어로 '니코오'인데, 그리스 · 로마 신화에서 승리의 여신이 니케$\nu i \kappa \eta$다. 운동화 브랜드명 '나이키'가 여기서 나왔다. 니케의 첫 번째 글자 뉘ν를 늘려 쓴 것이 나이키 상표 모양이다.

로마서Romans 13장 1, 7절

각 사람은 위에 있는 권세에 복종하라. 권세는 하나님으로부터 나오지 않음이 없으니, 모든 권세는 다 하나님께서 정하신 것이다.

모든 자에게 줄 것을 주되,

조세를 받을 자에게는 조세를 바치고,

관세를 받을 자에게 관세를 바치고,

두려워할 자를 두려워하며, 존경할 자를 존경하라

If you owe taxes, pay taxes;

if revenue, then revenue;

if respect, then respect; if honor, then honor.

게르만족 중에도 기독교를 받아들이며 개종하는 사람들이 생겨난다. 597년 영국 왕 애설버트Ethelbert가 어거스틴의 선교 활동으로 기독교를 받아들였고, 프랑코 왕국의 클로비스Clovis 왕이 개종하면서 오늘날 프랑스·독일·오스트리아와 같은 서유럽 국가에 기독교가 확산된다.

황제가 없는 서로마에서 중요한 역할을 했던 사람이 교회의 수장인 교황이었다. 로마의 교황은 프랑코 왕국의 카롤로스Carolus에게 서로마 황제의 관을 씌워 준다. 그가 바로 카롤로스 대제Carolus the Great이다. 그는 서방 기독교의 후견인 역할을 하게 된다. 이렇게 해서 생겨나는 것이 바로 신성 로마 제국Holy Roman Empire이다.

이후 역사는 게르만족의 역사라고 할 수 있다. 이들에게 복음이 전파되면서 게르만족이 세계 역사의 주역이 되기 때문이다. 유럽 중앙의 프랑크족은 프랑스·이탈리아·독일이 되었고, 앵글로족과 색슨족은 영국이 되고, 신성 로마 제국은 오스트리아·헝가리·체코로 뿌리내리게 된다. 영어로 독일을 Germany라 하는데, 게르만이라는 이름을 유지하고 있음을 알 수 있다.

로마서Romans 13장 8절

사랑의 빚 외에는 아무에게도 다른 빚을 지지 말라.

사랑하는 자는 율법을 다 이룬 사람이기 때문이다.

Let no debt remain outstanding,

except the continuing dept to love one another,

for whoever loves others has fulfilled the law.

우리는 이웃이 선한 일로 세워져 가도록 도와주고
이러한 일을 기쁨으로 해야 한다.
Each of us should please our neighbors for
their good, to build them up.

너희가 선한 데 지혜롭고,

악한 데 미련하기를 원하노라.

I want you to be wise about what is good,

and innocent about what is evil.

7. 중세 시대

476년 게르만족에 의해 서로마 제국이 멸망한다. 이후 게르만족에 의해 지배되는 중세 시대Middle Ages가 시작되고, 1천 년의 시간이 이어진다.

세계 역사에서 게르만족의 영향력은 심히 크다고 할 수 있다. 근·현대사에서 중요한 나라들이 대부분 게르만족이 세운 나라들이었다.

스페인, 프랑스, 독일, 영국은 강력한 나라였다. 영국은 전세계에 영토를 가지며 '해가 지지 않는 나라'라고 불렸다. 또한 신대륙을 발견하고 식민지를 세우면서 오늘날 미국이 생겨난다. 오늘날 미국은 세계에서 가장 강력하고 영향력 있는 나라다. 결국 이들도 영국이나 유럽에서 옮겨 간 사람들이므로, 그 뿌리는 게르만족이라고 할 수 있다.

갈라디아서Galatians 2장 20절

내가 그리스도와 함께 십자가에 못박혔으니

그러므로 이제는 내가 사는 것이 아니요,

오직 내 안에 그리스도께서 사시는 것이다.

I have been crucified with Christ

and I no longer live, but Christ lives in me.

이제 내가 육체 가운데 사는 것은, 나를 사랑하사 나를 위하

여 자기 자신을 버리신 하나님의 아들을 믿는 믿음 안에서 사

는 것이다.

※ 갈라디아서는 잘못된 믿음으로 빠져드는 갈라디아 교회의 성도들을
위해 쓴 바울의 편지이다. 진리인 예수에 대한 믿음을 가지라고 권면한
다. 신앙고백과 같은 글이다.

갈라디아서Galatians 5장 19~23절

육체의 일은 분명하니 곧 음행과 더러운 것과 방탕과 우상숭
배와 주술과 원수 맺음과 다툼과 시기와 분냄과 당파와 분열함
과 이단과 질투와 술 취함이다.
오직 성령의 열매는 사랑과 기쁨과 화평과
인내와 친절과 선함과 성실과 온유와 절제다.
But the fruit of the Spirit is love, joy, peace,
forbearance, kindness, goodness, faithfulness,
gentleness and self-control.

※ 성령은 하나님의 영이다. 사람은 육체를 따라 살 때 맺는 열매와 하나
님의 영을 따라 살 때 맺는 열매가 다르다. 이것을 '성령의 아홉 가지 열
매'라고 한다.

갈라디아서Galatians 6장 7절

자신을 속이지 말라.

하나님은 조롱을 받으실 분이 아니시다.

사람이 무엇을 심든지 그대로 거둘 것이다.

Do not deceived:

God cannot be mocked.

A man reaps what he sows.

※ 사람이 자신을 속일 수는 있어도 하나님은 속일 수 없다는 뜻이다.

중세 시대 사람들의 중심은 교회였다. 이 시대의 교회는 단지 종교의 역할만 아니라 사람들의 신분이나 생활을 관리하는 관공서 역할을 했다. 1천 년이 넘는 시기 동안 사람들은 교회를 중심으로 생활하였다. 모든 것이 교회와 연관이 있었다.

그러면서 교회가 타락하기 시작한다.

교황의 권위가 높아 황제를 세우고 폐하는 권세가 있었다. 고위 성직자는 왕보다 더 큰 권력을 가질 수 있었다. 이러한 자리를 임명하는 것에 많은 돈이 거래되었다. 그러면서 성직자들의 타락이 심해졌다.

성서에 베드로가 앉은뱅이에게 "은과 금은 내게 없지만 내게 있는 것을 네게 주나니, 주 예수의 이름으로 걸으라."라고 하였다. 그러자 앉은뱅이가 일어나 걸어가는 역사가 일어났다.

그러나 이 시대는 반대였다. 교회에 은과 금은 넘쳐나는데, 정작 예수는 없었다. 아무런 기적도 일어나지 않았다.

에베소서Ephesians 4장 22, 24절

너희는 유혹의 욕심을 따르는 옛 사람을 벗어 버리고

Put off your old self, which is being corrupted

by its deceitful desires;

하나님을 따라 의와 진리의 거룩함으로

지으심을 받은 새 사람을 입으라.

Put on the new self, created to be like God in

true righteousness and holiness.

※ 에베소서는 사도 바울이 로마 감옥에 갇혀 있을 때 에베소 교회에 보내는 편지이다. 그래서 '옥중 서신'이라고 한다.

에베소서Ephesians 4장 26절

화를 내더라도 죄 짓는 데까지 이르지 않게 하라.

해가 지도록 노여움을 품지 말라.

악마에게 틈을 주어서는 안 된다.

In your anger do not sin:

Do not let the sun go down

while you are still angry, and

do not give the devil a foothold.

에베소서Ephesians 5장 14절

잠자는 자들아, 깨어나 죽은 자들 가운데서 일어나라.

그리스도께서 너를 환히 비추어 주실 것이다.

Wake up, sleeper, rise from the dead,

and Christ will shine on you.

에베소서Ephesians 5장 22, 25절

아내들이여,

남편에게 복종하기를 주께 하듯 하라!

Wives,

let the Lord obey your husband!

남편들아,

아내 사랑하기를 그리스도께서 교회를 사랑하시고 교회를

위하여 자신을 주심 같이 하라!

Husbands,

Love your wives, just as Christ loved

the church and gave himself up for her.

※ 부부는 서로 존중해야 한다.

에베소서Ephesians 6장 1, 4절

자녀들아, 주 안에서 너희 부모에게 순종하라.

이것이 옳으니라.

Children, obey your parents in the Lord, for

this is right.

또 아비들아, 너희 자녀를 노엽게 하지 말고

오직 주의 교훈과 훈계로 양육하라.

Fathers, do not exasperate your children;

instead, bring them up in the training and

instruction of the Lord.

※ 가정은 사회의 기본이다. 사회가 바르게 되려면 가정교육이 잘 되어야
한다.

때마침 아라비아 반도를 중심으로 일어난 이슬람 세력이 휩쓸면서 예루살렘이 이교도들에게 점령된다. 예루살렘은 예수의 고국으로 거룩한 땅이었다. 그러자 교황은 성지聖地를 되찾아야 한다며 '십자군 전쟁'을 일으킨다.

또한 로마에 성 베드로 성당을 건축하면서 막대한 자금이 필요해지자 돈을 받고 죄를 면하는 면죄부를 판매하기에 이른다. 또한 성서에 없는 연옥사상을 만들어낸다. 연옥이란 중간에 있는 세상이다. 천국에 가지 못한 사람들이 연옥에 있는데, 그들을 구원하려면 기부금 통에 돈을 넣어야 한다는 것이다.

십자군 전쟁은 그야말로 실패한 전쟁이었다. 그들은 패전을 거듭하였고, 나중에는 추악한 약탈꾼으로 변질되었다. 어린아이들까지 동원했으나 이들을 노예로 팔아버리는 만행까지 저지른다. 〈로빈 후드〉에 등장하는 사자왕(the Lion Heart) 리처드도 십자군 전쟁에 잉글랜드군을 이끌고 참전하였던 왕이다. 결국 십자군 전쟁은 실패하게 된다.

빌립보서Philippians 4장 4절

주 안에서 항상 기뻐하라 .

내가 다시 말하노니, 기뻐하라.

Rejoice in the Lord always.

I will say it again: Rejoice!

※ 빌립보서 역시 사도 바울이 감옥에 있을 때 쓴 옥중 서신이다. 그는 어두운 지하감옥에 갇혀서도 기뻐하라고 권면한다. 기쁨은 환경에 의한 것이 아니라 나의 결단에 의한 것이다.

나는 비천하게 살아갈 줄도 알고, 풍족하게 살아갈 줄도 안다.
배부르거나, 굶주리거나, 풍족하거나, 궁핍하거나, 그 어떤
경우에도 만족할 수 있는 일체의 비결을 배웠다.

I have learned the secret of being content in
any and every situation, whether well fed or
hungry, whether living in plenty or in want.

나에게 능력을 주시는 분 안에서,

나는 모든 것을 할 수 있다.

I can do all this through him

who gives me strength.

골로새서Colossians 1장 19~20절

하나님은 예수가 십자가 위에서 흘린 피를 통해

땅 위에 있는 것이나 하늘에 있는 것이나

모든 만물을 자신과 화해시키셨다.

God reconciled to himself all things; whether

things on earth or in heaven, by making peace

through his blood, shed on the cross.

※ 골로새서 역시 사도 바울이 감옥에 갇혀 있을 때 쓴 것으로, 소아시아
의 프리기아 지방에 있는 골로새 교회에 보내는 편지다.

종들아, 모든 일에 육신의 주인에게 순종하되 사람을 기쁘게 하는 자와 같이 눈가림만 하지 말고, 오직 주를 두려워하는 성실한 마음으로 하라.

주인들아, 의와 공평을 종들에게 베풀지니

너희에게도 하늘에 주인이 계심을 알지어다.

Masters, provide your slaves with what is right and fair, because you know that you also have a Master in heaven.

8. 종교개혁 시대

교회의 타락에 도전하며 일어난 것이 바로 종교개혁이다. 1517년 마틴 루터는 교회의 잘못을 지적하는 '95개조의 반박문'을 적어 아우구스부르크 성문에 내건다. 그 당시 누구도 교황이나 교회의 잘못을 주장하지 못했다. 그러면 종교재판을 열어 이단으로 정죄해 화형에 처했기 때문이다. 오늘날 '마녀사냥'이라는 말이 여기서 유래된 것이다. 교회에 도전하는 자는 사악한 마녀라는 것이다.

이러한 잘못에 대해 마틴 루터가 처음으로 도전장을 내밀었고, 마침내 종교개혁이 시작된다. 처음에는 계란으로 바위를 치는 격이었지만, 그의 작은 시도가 세상에 엄청난 파장을 일으키게 된다. 마틴 루터의 중요한 사상은 오직 성서(Sola Scriptura)였다. 가장 중요한 것이 성서의 말씀이라는 것이다. 그리고 구원은 오직 믿음(Sola Fide)과 은혜(Sola Gratia)로 이루어진다는 것이다. 이러한 그의 사상에 존 칼빈이나 츠빙글리(Ulrich Zwingli, 1484~1531)같이 동조하는 많은 사람들이 생겨난다. 그러면서 종교개혁은 큰 성과를 거두게 된다.

데살로니가전서 1 Thessalonians 5장 16~18절

항상 기뻐하라, 쉬지 말고 기도하라, 범사에 감사하라,

이것이 그리스도 예수 안에서

너희를 향하신 하나님의 뜻이다.

Rejoice always, pray continually,

give thanks in all circumstances;

for this is God's will for you in Christ Jesus.

※ 데살로니가서는 사도 바울이 A.D.51~52년에 쓴 것으로, 신약성서 중 가장 먼저 기록된 것이다.

잘못된 것에 도전하며 생겨난 사람들이라고 해서 이들을 '프로테스탄트Protestant'라고 한다. 이것은 '저항하는 사람들, 도전하는 사람들'이라는 뜻이다. 여기서 오늘날 개신교改新敎라는 말이 나왔다. 교회를 새롭게 개혁한다는 뜻이다. 이에 반해 기존의 교회를 구교舊敎로 가톨릭이라고 한다. 그러면서 교회가 구교와 신교로 갈라지게 된다. 가톨릭은 구교이고 개신교는 신교이다. 독일이나 프랑스, 영국과 같은 나라들은 종교개혁의 영향을 받아 신교의 성향이 강했고, 로마 교황청이 있던 이탈리아나 스페인은 구교의 성향이 강했다.

이들은 서로 대립하게 되었고, 신교와 구교의 싸움이 시작된다. 이러한 갈등으로 1562년 프랑스에서는 '위그노 전쟁'이 발생한다. 신교인 위그노의 세력이 커지면서 구교와 충돌해 벌어진 전쟁이다. 끔찍한 전쟁의 모습이 프랑슈아 뒤브아가 그린 〈성 바돌로뮤 대학살〉에 나타난다. 또한 1618년부터 1648년까지 '30년 전쟁'이 일어난다. 이 전쟁은 여러 국가들이 얽힌 국제적인 전쟁이었다. 30년 전쟁으로 말미암아 유럽의 사망자 수가 800만 명에 이르렀다.

형제들아,

너희는 선을 행하다가 낙심하지 말라.

Brothers and sisters,

never tire of doing what is good.

※ 데살로니가는 아가야Achaia 지방에 있는 지역이다. 아가야는 오늘날
그리스 지역이다.

디모데전서 1 Timothy 4장 8절

육체의 연단은 약간의 유익이 있으나

경건의 훈련은 모든 면에 유익하니,

이 세상과 장차 올 세상의 생명을 약속해 준다.

For physical training is of some value,

but godliness has value for all things,

holding promise for both the present life and

the life to come.

※ 바울이 쓴 것 중 디모데 전·후서, 디도서, 빌레몬서를 '목회 서신(the Pastoral Letters)'이라고 한다. 이것은 개인에게 보내는 편지다. 각각 개인적인 이름이다.

디모데전서 1 Timothy 6장 7~8절

우리는 아무것도 세상에 가지고 오지 않았<u>으므로</u>,

아무것도 가지고 떠나갈 수 없다.

For we brought nothing into the world,

and we can take nothing out of it.

우리가 먹을 것과 입을 것이 있으면,

그것으로 만족해야 한다.

※ 바울은 디모데를 '나의 아들'이라고 부른다. 신앙 안에서 새롭게 맺어진 가족이기 때문이다. 아버지가 자식을 권면하듯 편지를 쓴다.

디모데전서 1 Timothy 6장 10절

돈을 사랑함이 일만 악의 뿌리가 된다.

For the love of money is a root of all kinds of evil.

※ 성서는 돈 자체가 나쁜 것이라고 말하지 않는다. 돈만 알고 사랑하는 마음이 악한 것이라고 말한다.

너는 이것을 알라.

말세에는 고통하는 때가 올 것이니,

There will be terrible times in the last days.

사람들이 자기를 사랑하며, 돈을 사랑하며, 자랑하며, 교만하며, 비방하며, 부모를 거역하며, 감사하지 아니하며, 거룩하지 아니하며, 무정하며, 원통함을 풀지 아니하며, 모함하며, 절제하지 못하며, 사나우며, 선한 것을 좋아하지 아니하며, 배신하며, 조급하며, 자만하며, 쾌락을 사랑하기를 하나님 사랑하는 것보다 더하리라.

※ 말세로 갈수록 사람들의 마음이 악해져 갈 것을 보여 준다. 사람들의 마음판이 단단한 돌과 같이 되어 갈 것을 보여 준다. 우리가 살고 있는 세상이 이와 유사하다.

디도서Titus 2장 7~8절

너는 모든 일에 선한 행실의 모범이 되라.

In everything set them an example

by doing what is good.

책잡힐 데가 없는 건전한 말을 하라.

그리하면 반대자도 너에 대해 나쁜 말은 하나도

할 수 없어서 부끄러움을 당할 것이다.

※ 사도 바울이 크레타 섬에서 교회를 돌보고 있는 디도에게 목회적인 가
르침을 주기 위해 이 편지를 썼다.

빌레몬서Philemon 1장 10~16절

오네시모를 위하여 네게 간구하노라. 아마 그가 너를 잠시
떠나게 된 것은 너로 하여금 그를 영원히 두게 함이리니,
이후로는 종과 같이 대하지 말고
사랑받는 형제로 대해 주길 바란다.
No longer as a slave,
but better than a slave, as a dear brother.
그가 만일 네게 불의를 하였거나 네게 빚진 것이 있으면
내 앞으로 계산하라.

※ 빌레몬서는 바울이 빌레몬에게 도망친 노예 오네시모를 용서하고 받
아달라고 부탁하는 편지다. 바울은 그가 빚진 것까지 자신이 갚겠다고 말
한다. 한 장으로 되어 있다.

9. 근현대 시대

유럽에서 구교의 탄압이 심해지자 신교도 중에 신앙의 자유를 찾아 신대륙으로 떠나는 사람들이 생겨난다. 대표적인 경우가 1620년에 잉글랜드에서 메이플라워호May Flower라는 작은 배를 타고 101명이 신대륙 아메리카로 향한다. 이들은 대서양을 횡단해 메사추세츠주 플리머스 항에 도착한다.

이들을 '청교도Puritans'라고 한다. 이들은 철저한 신앙의 사람들이었다. 신대륙에 도착하자 먼저 교회를 세우고, 그 다음 자신들이 살 집을 세웠다.

한 해를 지내면서 건너간 사람들의 절반이 풍토병과 추위로 죽는다. 살아남은 사람들은 다음 해 처음으로 곡식을 거두고 감사예배를 드린다. 이것이 오늘날 추수감사절Thanksgiving Day의 유래가 되었다.

미국은 이러한 청교도들에 의해 세워진 나라로, 신앙의 힘으로 세워진 나라다. 이들은 놀랍게 발전해 건국한 지 200년도 되지 않아 세계 최강대국이 되었다. 이들에 의해 세계 곳곳에 기독교가 전해지게 된다.

히브리서Hebrews 8장 10절

우리에게 새 언약의 대제사장이 계시니

하나님의 아들 예수시라.

새 언약은 이것이니, 내 법을 그들의 생각에 두고

그들의 마음에 이것을 기록하리라.

I will make a new covenant.

I will put my laws in their minds

and write them on their hearts.

나는 그들에게 하나님이 되고 그들은 나의 백성이 될 것이다.

※ 히브리서는 편지보다는 신학적 논문에 가깝다. 예수가 모든 사람을 위
한 대제사장임을 보여 준다. 대제사장은 하나님과 사람 사이의 중개자를
말한다.

히브리서Hebrews 9장 27절

사람이 한 번 죽는 것은 정해진 것이요,

그 후에는 반드시 심판이 있다.

Just as people are destined to die once,

and after that to face judgment.

※ 세상에 심판이 없다면 억울하다. 성서는 심판이 있음을 보여 준다.

야고보서 James 1장15절

욕심이 잉태하면 죄를 낳고,

죄가 자라면 죽음을 낳는다.

Then, after desire has conceived,

it gives birth to sin; and sin,

when it is full-grown, gives birth to death.

※ 야고보서, 베드로 전·후서, 요한1 · 2 · 3서를 '공동 서신(the General Epistles)'이라고 한다. 특정 교회나 개인에게 보내는 것이 아니라 일반 사람에게 보내는 편지다. 야고보는 예수의 친동생이다. 이 편지는 그가 쓴 것이다.

우리나라에 복음을 전해 준 나라가 미국이다. 120년 전 미국의 언더우드와 아펜젤러 선교사가 처음으로 우리나라에 발을 디뎠다. 교회를 세우며 복음을 전했지만, 교회만 세운 것이 아니다. 그들에 의해서 학교가 생겨나고 병원이 세워진다.

1889년 최초로 세워진 의료기관인 광혜원이 나중에 세브란스병원이 되었다. 교회 주일학교Sunday School를 통해 글을 배우는 사람들이 생겨난다. 성서를 배우면서 문맹에서 벗어나는 사람들이 많아졌다. 이것이 학교로 발전한다. 1909년까지 설립된 기독교 학교Mission School가 무려 950개나 되었다. 이러한 학교들을 통해 인재들이 양성되며 우리나라가 발전할 수 있는 원동력이 되었다.

또한 유교사상으로 인해 뿌리 깊게 박혀 있던 신분제나 남녀차별의 벽이 성서의 사상을 통해 철폐될 수 있었다. 신 앞에 모든 사람은 평등하다는 것이 성서의 가르침이다. 성서를 통해 새로운 사상이 싹트면서 우리나라가 놀랍게 발전할 수 있었다. 성서가 동방의 작은 나라에까지 전해지며 생명의 싹을 틔웠다. 성서는 모든 사람을 위한 신의 말씀이기 때문이다.

베드로전서 1Peter 4장 8절

무엇보다도 뜨겁게 서로 사랑할지니
사랑은 허다한 죄를 덮는다.
Above all, love each other deeply,
because love covers over a multitude of sins.

※ 베드로 전·후서는 예수의 수제자였던 베드로가 쓴 것이다. 그러나 베드로는 글을 쓸 줄 몰랐다. 그의 동역자였던 실루아노가 대필해 주었을 가능성이 크다.

사랑하는 자들아,

주께는 하루가 천 년 같고 천 년이 하루 같다는

이 한 가지를 잊지 말라.

Do not forget this one thing, dear friends:

With the Lord a day is like a thousand years,

and a thousand years are like a day,

※ 성서에는 시간을 가리키는 단어가 두 가지 있다. 일반적인 시간을 가리키는 크로노스와 결정적인 사건이 발생하는 카이로스가 있다. 일반적인 시간이 채워지면 결정적인 사건이 발생한다.

사랑하는 자들아, 우리가 서로 사랑하자.

사랑은 하나님께 속한 것이니,

하나님은 사랑이시라.

Because God is love.

※ 요한 1 · 2 · 3서는 예수의 사랑하는 제자 요한이 기록한 것이다. 하나님은 사랑 그 자체이시다.

사랑은 여기 있으니, 우리가 하나님을 사랑한 것이 아니라, 하나님이 우리를 사랑하셔서 자기 아들을 보내어 우리의 죄를 위한 화목제물이 되게 하셨습니다.

사랑하는 여러분,

하나님께서 이렇게까지 우리를 사랑하셨으니, 우리도 서로 사랑해야 합니다.

Dear friends,

since God so loved us, we also ought to love one another.

요한3서 3 John 1장 2절

사랑하는 여러분,

나는 먼저 여러분 영혼이 잘되고, 범사가 잘되고, 건강하기를 기도합니다.

Dear friend,

I pray that you may enjoy good health and that all may go well with you, even as your soul is getting along well.

※ 잘 되는 데도 순서가 있다. 먼저 영혼이 잘되고, 범사가 잘되고, 건강도 좋아야 한다. 영혼이 병들었는데 건강하면 죄만 더 짓는다.

10. 오늘날 시대

오늘날 세상은 빠르게 변해 간다. 옛날에 100년, 1천 년이 흘러야 바뀌던 세상이 지금은 하루가 다르게 변한다. 우리는 초가집에서 양옥집으로, 지금은 고층 빌딩에 살고 있다. 호롱불에서 하나 둘 전등이 켜지고, 지금은 밤이 낮보다 더 환한 세상에 살고 있다. 인력거를 타던 시대에서 자동차 시대를 지나 음속으로 가는 비행기 시대로 이동하며 살고 있다. 수공업에서 산업혁명을 거쳐 인공지능(AI) 시대를 살고 있다. 세상이 너무도 급속도로 변하고 있다.

그래서 모두가 세상을 쫓아가려고 바쁘게 달려간다. 그런데 무엇을 쫓아가는지 모른다. 어디로 달려가는지 모른다. 그냥 남이 하는 대로 따라갈 뿐이다. 이러한 빠른 세상의 변화에 인간의 정신이 따라가지 못하고 있다. 인간의 정신이 적응하지 못하고 있다. 그러면서 많은 사람들이 상실감을 느끼고 삶에 공허함을 느낀다. 자신의 존재의 가치와 의미를 찾지 못하기 때문이다.

이것은 예수 그리스도의 계시다. 이 계시는 곧 일어나야 할 일들을 보이시려고, 하나님께서 그리스도에게 주신 것이다.

The revelation from Jesus Christ,

which God gave him to show his servants what must soon take place.

그리스도께서 자기의 천사를 보내셔서,

자신의 종 요한에게 이것을 알려주셨다.

※ 성서의 마지막에 '요한계시록'이 있다. 제자 요한이 90~95년에 기록했다. 이로써 모든 성서가 기록된다. 계시는 헬라어로 '아포칼립시스($\alpha\pi o\kappa\alpha\lambda\upsilon\psi\iota\varsigma$)'인데, 숨겨져 있던 비밀스러운 일이 드러난다는 뜻이다. 계시록에는 앞으로 일어날 비밀스러운 일들이 들어 있다.

볼지어다. 그가 구름을 타고 오시리라.

각 사람의 눈이 그를 보겠고, 그를 찌른 자들도 볼 것이다.

Look, he is coming with the clouds,

and every eyes will see him,

even those who pierced him.

※ 부활해 하늘로 승천한 예수가 지금 하나님 오른편에 있다. 그의 다시 오심(재림)이 성서의 여러 곳에 나온다.

마가복음 Mark 13장 26~27절

그때에 인자가 구름을 타고 큰 권능과
영광으로 오는 것을 사람들이 보리라.
At that time people will see the Son of Man
coming in clouds with great power and glory.
그때에 천사들을 보내어 자기를 믿는 자들을 땅 끝으로부터
하늘 끝까지 사방에서 모을 것이다.

※ 예수의 다시 오심은 마태복음 24장, 마가복음 13장, 누가복음 21장에
도 나타난다.

인간은 상실감을 성공이나 물질로 채우려고 하거나 공허함을 쾌락이나 약물로 도피하려고 한다. 그러나 그러면 그럴수록 인간의 마음은 점점 더 황폐해져 간다. 사람들의 마음이 단단한 돌판과 같이 굳어져 가고 있다.

이러한 세상이 올 것을 신은 미리 알고 계셨던 것일까?

성서의 새 계약은 바로 이러한 인간의 마음판에 새겨지는 것이라고 했다. 마음판에 신의 말씀이 새겨지는 사람은 세상을 다르게 살게 된다는 것이다. 성서의 말씀이 마음에 새겨지면 상한 심령이 치유된다는 것이다. 성서의 말씀이 마음에 새겨지면 새로운 활기를 찾고, 생명력으로 채워진다는 것이다. 우리가 신과 새롭게 맺은 계약의 백성이 되기 때문이다.

성서는 수천 년 동안 인류와 함께해 왔다. 사람들에게 바른 길을 제시해 주었다. 존재의 의미와 가치를 찾게 해주었다. 오늘날에도 이러한 역사를 이루어 가고 있다. 그래서 위대한 책이다. 가장 큰 영향력을 주는 책이다.

여러분에게도 성서가 그런 의미이기를 신의 이름으로 기원한다.

요한계시록 Revelation 20장 11~12절

크고 흰 보좌와 그 위에 앉으신 이가 있고, 죽은 자들이 큰
자나 작은 자나 그 보좌 앞에 서 있었다.

그 앞에 책들이 펴 있고 또 다른 책이 펴졌으니
곧 생명책이었다.

Books were opened. Another books was opened,
which is the book of life.

죽은 자들이 자기 행위를 따라 책들에 기록된 대로 심판을
받으니…

※ 성서에는 최후의 심판이 나온다. 책들이 펼쳐져 있는데, 하나는 생명
책이고 다른 책들은 삶을 기록한 것이다. 미켈란젤로가 그린 〈최후의 심
판〉은 이 모습을 표현한 것이다.

그가 모든 눈물을 닦아 주실 것이니, 다시는 죽음이 없고
슬픔도 울부짖음도 고통도 없을 것이다.
이전 것들이 다 사라져 버렸기 때문이다.
He will wipe every tear from their eyes.
There will be no more death or mourning or
crying or pain, for the old order of things has
passed away.

※ 요한계시록 마지막에는 천국의 모습이 나온다. 구약성서가 가나안 땅으로 들어가는 과정이라면 신약성서는 천국으로 들어가는 과정을 보여 준다.

다 이루었다.

나는 알파와 오메가요,

세상에 시작과 마침이다.

It is done.

I am the Alpha and the Omega,

the Beginning and the End.

※ 알파A와 오메가Ω는 헬라어의 첫 번째 글자와 마지막 글자다. 하나님이
세상의 시작과 마침이 되신다. 성서는 이렇게 모두 끝난다.

성서 영어 필사

1쇄 발행 2025년 9월 15일

지은이 최영

펴낸이 김제구
펴낸곳 리즈앤북
표지다지인 김민주
편집디자인 DESIGN MARE

출판등록 제2002-000447호
전화 02-332-4037   팩스 02-332-4031
이메일 ries0730@naver.com